本书受

南京航空航天大学"2013年度基本科研业务费学术著作出版基金"（项目批准号：NR2013054）
江苏省第四期"333高层次人才"培养工程资金
国家自然科学基金项目"我国转型经济下企业劳资冲突的发生机制及对策研究"（项目批准号：71172063）

资　助

经济转型期中国人力资源管理研究丛书

中国汽车合资企业雇佣关系研究

经济全球化背景

Employment Relation in Chinese
Auto Joint Ventures
in the Economy Globalization

张 捷 著

南京大学出版社

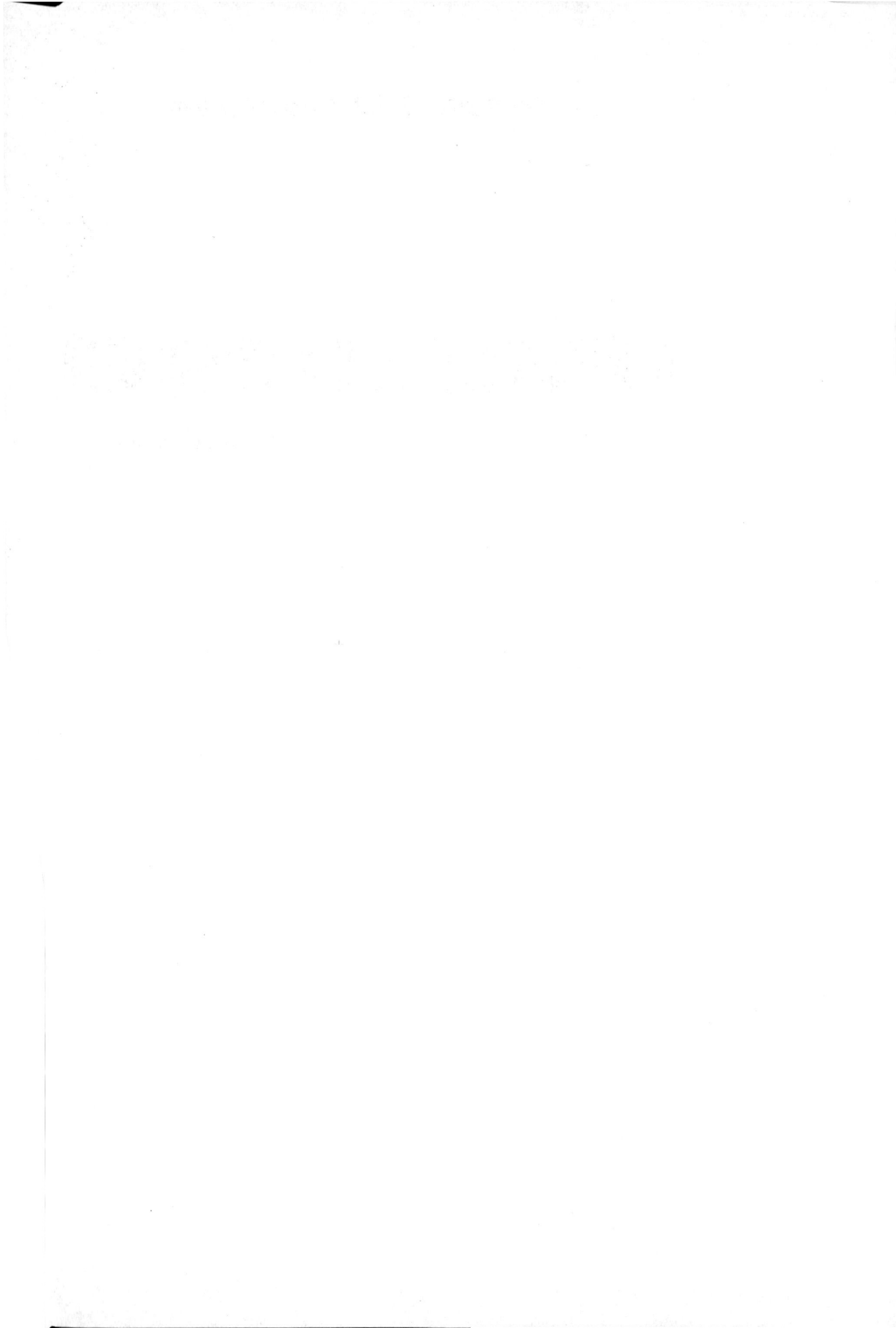

序

在中国,雇佣关系问题在相当长的一段时期内都是一个敏感甚至禁忌的话题。但是随着改革开放的逐步深化和经济全球化进程的日益深入,中国经济进入了一个转型时期,雇佣关系也发生了巨大的变化,这一问题已经无法回避和漠视。随着工业化水平的提高和经济结构的转型,大量农业剩余劳动力和处于隐性失业状态的农业劳动力,受城乡工资差异等利益驱动影响涌向城市,构成了庞大的劳动供给,尤其表现在一些劳动技能要求较低、适于非熟练工人就业的劳动密集型产业。在中国的劳动力市场相当长时期内处于供大于求状态的前提下,必然造成劳动供需矛盾突出,劳资谈判实际地位不平等,雇佣关系紧张等局面。同时,传统计划经济时期的单一的雇佣关系,正向复杂多样的各种所有制与不同身份工人的雇佣关系进行转变,雇佣关系也由劳资双方利益一致、相互合作,转向劳资双方利益对立、既冲突又合作的复杂关系。

雇佣关系是工作中人们的行为和互动关系,而有关雇佣关系的研究就是主要研究个人、群体、组织以及机构是如何规范雇佣双方之间关系的形成机制的,因此雇佣关系不是简单的利益分配关系,而是雇佣双方主体在社会生产中的权利、责任以及自身价值的体现等多种因素相互作用的综合反映。如果雇佣双方有一方合法权益得不到保障,那么雇佣和谐的关系就会分裂瓦解。资方在面临劳方抗争压力时,可以用"关闭工厂、异地投资"的方式进行逆向调节;而劳方为争取合法权益也可以采用罢工、极端事件与资方进行对抗。当前,我国一些地区雇佣关系日益紧张,劳资冲突呈现群体性对抗走势,已经很好地说明了这一问题。因此,为了经济和社会持续、稳定、和谐的发展,必须着眼于长远,研究如何在政府主导下,加快建立全面协调劳资双方利益关系的长效机制。

鉴此背景,张捷经过长期的思考和研究撰写了《经济全球化背景下中国汽车合资企业雇佣关系研究》一书并即将出版,对此我感到由衷地欣慰。该书以构建和谐和稳定的雇佣关系体系为宗旨,尝试从理论和实践的角度探索自上个世纪 90 年代以来的经济全球化背景下中国汽车合资企业雇佣关系的发展,以及这些发展变化中所反映出的问题及原因,并提出相应的政策建议。

张捷是我指导的博士研究生,这本书是在她的博士论文的基础上撰写而成的。在该论文成果即将出版之际,张捷邀我作序,我欣然应允。该项成果研究的基础源于南京大学与澳大利亚悉尼大学经济与管理学院的合作研究课题"The Impact of Globalization on the Employment Relations in Autos and Banks"。这项课题是全球十四个国家雇佣关系研究领域内的知名专家学者共同合作的一个国际比较研究项目,研究目的在于分析比较全球化对于不同国家汽车行业和银行业雇佣关系的影响。纵观中国经济格局,不同的产业所受到经济全球化的影响程度是不同的。作为国民经济的主导产业部门,中国汽车产业在最近 20 年内历经了巨大的变化和结构调整。过去在这一行业中几个主要的汽车制造商都是国有企业，它们在过去的 20 年中都与国外跨国汽车制造商进行合资并历经重组，这给我国汽车产业的发展带来了巨大变化，包括与雇佣关系有关的就业情况、薪酬制度、产业结构、产量、质量、行业管制以及企业内部治理等许多方面。可以说，汽车产业是自中国改革开放以来深受全球化影响和冲击的几大产业部门之一。据了解，国内目前对于汽车制造企业人力资源管理以及雇佣关系进行专门研究的成果较为少见，本书对此进行了有益的尝试和探索，专门就汽车制造企业在经济全球化背景下雇佣关系中所发生的变化、成因以及管理对策进行全方位、多角度研究和思考，因此单从这个意义上来说，该书的出版对于我国当前在构建"和谐社会"的时代背景下如何构建和谐的雇佣关系，无论是在理论上还是在实践上都是值得称道的。

此外，对经济全球化背景下各国企业雇佣关系的发展与变化进行研究，也是目前国外雇佣关系学术研究领域中的一个热点。在国际上，有一批由各国权威的学者组成的合作研究团队，对于这一问题进行了多年的合作研究。而对于经济全球化进程中中国雇佣关系的变迁发展，过去的研究成果则相对较少。本书作为作者在参与上述国际合作课题研究中形成的研究成果，对于丰富雇佣关系的国际比较研究成果，也有一定的理论贡献。

该书由四个特点：(1) 构建了适合我国汽车合资企业的雇佣关系分析框架，并从外部环境和内部环境两个方面分析了我国汽车合资企业的雇佣关系系统；(2) 采用历史分析、国际比较、半结构化访谈和案例分析的方法，从工作组织、技能培训、人事安排、薪酬以及企业治理等方面，对两家案例企业的员工进行了深度访谈，获得了大量的第一手资料；(3) 作者对中国汽车合资企业雇佣关系中存在的问题及其成因进行了深入分析，进而从雇主、员工与工会、政府三方的角度提出了构建中国汽车合资企业和谐雇佣关系的建议，其中有不少独到的见解，这不仅对中国汽车合资企业如何构建和谐的雇佣关系具有一定的借鉴和指导意义，而且对其他行业乃至整个社会构建和谐的雇佣关系也具有一定的参考价值；(4) 本书研究目标明确，理论基础可靠，研究方法科学，逻辑结构严谨，文笔清新流畅，具有较强的可读性。

随着中国经济社会的持续转型以及持续转型所带来的宏观环境、产业格局和劳动力市场的变化，不仅中国汽车合资企业而且其他企业的雇佣关系还会发生很大的变化，我希望作者能够在这个领域中继续探索，不断推出新的成果，为我国雇佣关系的理论研究和管理实践做出更多更大的贡献。

南京大学商学院名誉院长、教授、博导
赵曙明　博士
2013 年 7 月 6 日于兰州宁卧庄宾馆

目　　录

第一章 中国汽车行业的现状与经济全球化环境

1.1 中国汽车行业发展状况

1.1.1 汽车工业全面发展,成为国民经济的重要支柱产业

进入 21 世纪以来,中国汽车行业虽然仍存在产业结构不合理、自主开发能力薄弱等问题,但整个行业高速发展,产业集中度不断提高,产品技术水平明显提升,中国已经成为世界汽车生产及消费大国。根据中国汽车工业协会的统计数据,中商情报网《2012～2013 年中国汽车行业市场调查及前景咨询报告》显示:2001 年中国汽车的产销量仅为 200 余万辆,但在 2006 年产销量已双双突破 700 万辆,全年生产 728 万辆(其中乘用车 523 万辆)、销售 722 万辆(其中乘用车 518 万辆);2008 年在经受全球金融危机影响下的中国汽车工业仍保持了增长,全年汽车生产 930 万辆(其中乘用车 674 万辆)、销售 938 万辆(其中乘用车 643 万辆)。

自 2002 年后,中国汽车行业开始进入爆发增长阶段,尤其是随着私人消费兴起,轿车需求量开始迅速攀升,并成为推动中国汽车发展的一股重要力量。与此同时,中国在全球汽车产业中的地位也逐渐上升。

日本自 2006 年来汽车工业一直保持的世界第一的位置,在 2009 年也被中国取代。在国家扩内需、调结构、促转变等一系列政策措施的积极作用下,近年来我国汽车工业保持平稳较快发展。汽车产销快速增长,自主品牌市场份额提升,汽车出口逐步恢复,大企业集团产销规模整体提升,市场需求结构进一步优化,汽车工业产业结构调整加快。

2009 年,在全球汽车市场不景气的背景下,我国汽车行业一枝独秀,汽车产量为 1 379 万辆,销量为 1 364 万辆,同比分别增长 48.28% 和 45.42%。2009 年中国已经成为世界第一汽车生产大国,同时中国汽车消费量占全球总消费量比例已达 12%。

2010 年,中国汽车行业继续保持较快的增长势头,汽车产销双双超过 1 800 万辆,蝉联全球第一,分别达到 1 826 万辆和 1 806 万辆,同比增长 32.41% 和 32.40%。其中,乘用车产销 1 382 万辆和 1 375 万辆,同比增长 33.14% 和 33.11%。2011 年,汽车产销 1 842 万辆和 1 851 万辆,同比增长 0.84% 和 2.45%。其中,乘用车产销 1 449 万辆和 1 447 万辆,同比增长 4.23% 和 5.19%。

2011 年,我国汽车市场实现了平稳增长,节能与新能源汽车积极推进,产业集中度进一步提高,出口高速增长,汽车产业结构进一步优化。全年汽车产销量月月超过 120 万辆,平均每月产销突破 150 万辆,全年汽车销售超过 1 850 万辆,再次刷新全球历史纪录。

2012 年以来,中国汽车产销市场总体保持平稳增长,汽车行业整体经济效益较好,各类车型增长幅度相差较大,市场集中度进一步提高。2012 年我国汽车工业继续平稳增长,全国汽车产销 1 927.18 万辆和 1 930.64 万辆,同比分别增长 4.6% 和 4.3%。

中国汽车产业作为世界汽车产业重要的组成部分,未来十年是中国汽车产业的黄金期,汽车产业已经完成了从小到大的过程,正在逐步实现由弱到强的巨大跨越,全球汽车工业将向中国和一些新兴经济体进一步转移,这对中国汽车工业来说,仍是非常难得的历史机遇。目前,中国汽车市场不仅发展快,而且汽车消费需求变化也快,这对于中国汽车产业来说,将迎来下一个黄金十年,自主品牌将完成从"中国制造"到"中国创造"的发展过程。预计到 2020 年,中国汽车市场的销量有望占据全球汽车总销量的一半以上,将是美国市场销量的两倍左右。中国汽车市场前景非常广阔。

1.1.2 市场结构日趋合理,新能源汽车有序发展

乘用车比重快速提升,载货车向两极发展。乘用车比例达到 76%,其中轿车高达 52%;重型货车占载货车的比例也提高到 26%,中型货车比例下降到 7%,产品结构日趋合理;乘用车燃油经济性水平明显改善,汽车主动安全技术和被动安全技术应用水平日益提高;新能源汽车开始进入产业化阶段,节能和新能源汽车有序发展。截至 2011 年 3 月,25 个示范试点城市累计推广节能与新能源汽车超过 1 万辆。截至 2011 年 8 月,共有 65 家汽车生产企业和 285 个新能源汽车产品列入《示范车型目录》。

1.1.3 国际化程度不断提高

出口逐渐增加。汽车企业越来越重视海外战略,开始从单纯货物贸易出口方式,向投资建厂、海外并购、本土化生产的方式转变,中国汽车品牌影响力逐步提升;汽车零部件出口呈高速增长态势,2011 年出口金额达到了 521.93 亿美元,2001～2011 年,年均增长率为 30% 左右。汽车零部件在中国汽车产品出口中占据主导地位;跨国汽车公司不断投资中国,在国内的生产链条逐渐延长,充分发挥了产业集聚效应;一些跨国汽车企业加大了在华产品研发投入,建立产品研发中心。此外,汽车零部件工业也逐渐成为外商投资的重点领域之一。

1.1.4 自主创新能力逐步提高,自主品牌取得较快发展

国内企业实现了从简单模仿到正向开发再到自主创新的转变,自主创新已经从单项技术和产品创新向集成创新和创新能力建设方面发展;"十一五"期间自主品牌轿车发展迅速,自主品牌企业经过持续的努力与付出,与合资品牌的竞争格局已经基本形成,成为推动中国汽车工业发展的重要力量;2010 年,乘用车自主品牌销量达到 627 万辆,占乘用车销售总量的 46%;轿车自主品牌销量为 293 万辆,占轿车销售总量的 31%。

1.1.5 大型企业集团实力增强,产业集中度提高

2011 年,上汽集团产销超过 390 万辆,一汽集团超过 250 万辆,东风集团超过 305 万辆,进入世界公认的大企业行列。汽车行业前十家集中度达到 87%。行业内骨干企业主要经

济指标增速虽然趋缓,但经营状况总体稳定,营业收入和实现利润总额两项指标同比增幅均高于同期全行业产销增速。通过兼并重组或战略合作,骨干企业集团的市场规模进一步扩大,产品研发、生产能力、营销和服务水平不断提升,汽车工业的综合能力得到进一步加强。

1.2　经济全球化的内涵

无论是在理论研究还是在实践工作中,为了认清一个事物的本质,必须要了解它的由来、现状、趋势和路径。而为了了解经济全球化对于中国汽车行业雇佣关系的影响,首先需要明晰现有关于经济全球化的基本理论观点。

1.2.1　经济全球化(economic globalization)的词源

查阅《牛津英语词典》时,可以发现"global"(地球的、全球性的)一词早在400年前就已出现,但是"全球化(globalization)"一词直到1960年才开始出现在法国和美国,1961年"韦伯斯特"大词典首次为"全球化"提供词义,而到20世纪70年代,"全球化"已成为全世界各国的通用词(G. Modelski,1972),然而直到20世纪末该词才具有学术意义。据国外学者考证,经济学意义上的"全球化"一词最早是由美国泰奥多尔·莱维特(Theodore Levitt)在1985年提出的,他在《哈佛商报》上的一篇题为《谈市场全球化》一文中采用"全球化"一词来描述此前20年间世界经济的巨大变化,即"商品、服务、资本和技术在世界生产、消费和投资领域中的扩散"(Marshal Mcluhan,1960)。1987年的《世界发展报告》首次使用"全球工业化"用语,用以描述世界经济正在发生的根本性变化。

1.2.2　经济全球化的起源

关于经济全球化进程的起始时间,各国学者对此未能取得一致的意见。国内有学者认为,经济全球化并不是一个新的东西,而是古已有之。早在公元前200年的古希腊,就有学者谈到经济全球化,这种认为世界事务自此而互相依赖的朴素认识被作为经济全球化的历史渊源。(黄平,2003)

西方学者大多都将全球化等同于跨洋的远程国际贸易,因此,他们把经济全球化的起始时间确定在15世纪。如西方著名历史学家汤因比认为,15世纪的航海大发现使人类的脚步从一个大陆跨到另一个大陆之上,从而实现从草原到海洋的革命性变革。(汤因比、沈辉等译,1998)狄特玛尔·布洛克认为,经济全球化起源于15世纪初,其经济基础是民族国家国民经济的发展,它的核心是标准化的大工业生产。(狄特玛尔·布洛克,1997)

将经济全球化的起点与资本主义联系起来在西方学者中也大有人在。美国经济学家保罗·斯威齐认为:"全球化不是某种条件或某种现象,而是一种已经持续很长时间的进程。自四五百年前资本主义作为一种活生生的社会形态在世界上出现以来,这一过程就开始了。"(Paulm Sweezy,2000)沃勒斯坦也强调资本主义生产方式本质上是世界历史性的,经济全球化与资本主义生产方式是同步的,经历一个运用各种手段成功地扩张的过程。(曼纽尔·沃勒斯坦,1998)美国当代著名历史学家斯塔夫里阿诺斯将1 500年作为经济全球化的起点,自此以后,地区的历史开始成为全球的历史,新的全球性视野出现,进而出现人类、动物和植物的全球性扩散,以及全球性的经济关系、政治关系和文化关系(斯塔夫里阿诺斯,1992)。国内许多学者都将资本主义对世界市场开拓的时间即 16 世纪初视为经济全球化的开始,他们认为经济全球化的历史进程是由西方资本主义国家推动的。(李玉珂,2002;许兴亚、张建伟、张昆仑,2001)

国内也有一些学者将经济全球化进程的起点定位于 19 世纪 60 到 70 年代。随着 19 世纪 60 到 70 年代由工业资本开拓的世界市场的形成,国际经济关系也出现一系列深刻变革:国际分工体制初步建立,国际经贸联系日益加强,国际金融体制逐步完善,生产国际化跃升到高级阶段,经济全球化自此应运而生。(秋风,2003)

在西方学者中,认为经济全球化从 20 世纪开始的也大有人在。但在 20 世纪的具体时间上,对经济全球化理解上,不同的学者自然有不同的看法。如把经济全球化看作是世界经济结构变化的人,当然会把本世纪初世界经济概念的出现说成是经济全球化的开端(格雷厄姆汤普森,1997);而把经济全球化解释为统一的世界货币体系的形成的学者,则把第二次世界大战以后布雷顿森林货币体系的建立作为经济全球化的起点(塞拉斯·比纳、贝扎德·亚格梅安,1998);还有的学者将经济全球化视为资本的全球化,他们将西方资本跨国自由流动的 20 世纪 70 年代作为经济全球化的序幕(阿吉姆·比朔夫,1998);另有像福山和大前研一等极端全球化的学者认为经济全球化就是市场经济的全球化,他们将 1989 年苏东剧变,前苏联东欧地区抛弃计划经济模式,实行彻底的自由主义市场经济作为经济全球化发展的历史界碑。现在为越来越多的学者赞同将经济全球化的起点定在 20 世纪 80 年代。由于冷战结束后,两个平行的市场发展为统一的以市场经济为基础的世界市场,加之 20 世纪 80 年代以信息技术革命为中心的高科技迅速发展并取得重大突破,使严格意义上的经济全球化成为现实。(谷水源、林行巧,2001;顾海良,2002)

关于经济全球化起始阶段的争论,涉及经济全球化本质的问题。如果这一进程自古就有,那么它就等同于世界史,可是各个民族国家分别发展的历史组合能等于全球化吗? 如果它开始于 15 世纪的地理大发现,它就应该等同于资本主义扩张史,资本主义向世界范围单方向的扩张能是全球化吗? 这些问题都涉及对经济全球化基本概念的理解。如果它起始于20 世纪,那么如何认识它同历史上世界交往的关系? 这又涉及全球化的本质和全球化研究的基本方法问题(赵景峰,2004)。

因此,本文所指的经济全球化是"历史上最发达的和最复杂的生产组织"中最成熟、最完备的范畴,即起始于 20 世纪 80 年代。

1.2.3　经济全球化的涵义

正如各国学者对于经济全球化的起始时间的意见分歧一样,关于"经济全球化"的内涵界定,学术界至今仍然是仁者见仁,智者见智。哈佛大学商学院的教授乔治·洛奇多年以来一直从事全球化方面的教学和研究工作。即使对于这样的学者来说,"全球化的概念是如此广泛、深奥、模糊而神秘,以至于像我这样的学术界人士往往会通过现有的经济学、政治学或社会学等专业来分别探讨它所涵盖的内容"。(乔治·洛奇,1998)

关于经济全球化的内涵和定义,国内外学术界的学者存在不同看法。这些定义各不相同,有些学者的定义内容宽泛,例如有人认为经济全球化是一个多维度的、统一和多样并存的和不断出现冲突的过程(杨雪冬,2002)。而更多学者从某一视角给出经济全球化定义,这些差异反映出不同的研究主体和研究目标。关于经济全球化具有代表性的观点,梳理如下。

(1) 要素流动论。经合组织(OECD)首席经济学家奥斯特雷认为经济全球化主要是指生产要素在全球范围内的广泛流动,实现资源最佳配置的过程。(刘力,1999)美国学者阿里夫·德里克(1999)认为全球资本主义也可以称作是灵活的生产,也就是在新的经济"规制"下商品、金融交易以及生产过程本身的前所未有的流动。张银杰(2001)从市场经济视角把经济全球化概括为世界范围内各国和各地区经济融合成整体,按照市场经济要求保证生产要素自由流动和合理配置的历史过程。

(2) 相互依赖论。国际货币基金组织(IMF)在 1997 年 5 月报告中指出经济全球化的定义:"经济全球化是指跨国商品、服务交易与国际资本流动规模和形式的增加,以及由于技术的广泛而迅速传播使世界各国经济的相互依赖性增强"。

(3) 资本主义控制论。法国学者雅克·阿达(2000)认为经济全球化就是资本主义经济体系对世界的支配和控制:"全球化是一个将近 1 000 年前始于地中海,并随着 15、16 世纪的地理大发现而取得了决定性大发展的过程的继续,它不过是重新恢复了资本主义那既是国际的,更是跨国的原始使命,这就是把疆界和国家,传统和民族统统踩在脚下,迫使更加服从唯一的价值规律。"而英国学者 L. Sklair(1999)则更直接提出以资本主义为核心的全球体系在世界范围内扩展。

(4) 产业结构调整论。阿兰·鲁格斯(2001)认为,现今人们理解的"全球化"概念都太宽泛了。而他的定义则是一种"标准的经济全球化定义",即"跨国公司跨越国界从事外国直接投资和建立商业网络来创造价值的活动"。在他的眼中,全球化是一种经济行为,而且行为的主角是跨国公司,途径是商业和投资,目的是创造价值。我国学者龙永图(2002)认为,经济全球化有三个主要要素:一是跨国公司的全球运作;二是科学技术的迅速发展;三是全球范围内的产业结构调整。这三个要素构成了经济全球化的基本内涵。所谓经济全球化,就是以科学技术的迅猛发展为动力,以跨国公司的全球运作为载体,而进行的一场全球范围内的产业结构调整。国内学者吴易凤(2001)则从生产关系视角认为经济全球化就是资本主义的全球化,它是一场以发达国家为主导,跨国公司为主要动力的世界范围内的产业结构调整。

以上各国学者对于经济全球化内涵的表述都有一定根据和道理,而彼此间的差异多为对全球化不同方面或特征的强调,或者从资源配置角度入手,或者以世界经济相互依存为研究视角,或者从主体控制论的角度进行考察,但基本点还是一致的,那就是都强调了基于资本的流动,世界各国之间的经济联系越来越密切这样一个客观事实(王传荣,2005),而资本流动势必带来雇佣机会以及实践的转移。因此,本书在研究大量有关经济全球化的中外文献的基础上,给出了经济全球化的涵义:经济全球化是建立在国际分工扩大和资源禀赋的国际差异基础上的,其产生、发展以及波动的过程,就是国际分工不断深化的过程,而这一过程的演进必将加速分工国际化和资源的全球配置。国际分工带来各国、各地区日益广泛的经济联系,跨国进行商品生产和商品流通成为普遍现象。由此可见,经济全球化的核心是要素的跨国流动。经济全球化的载体是跨国公司,跨国公司的全球扩张通过国际贸易、资本流动以及生产体系的国际运作将世界各国联系在一起,使各国经济发展具有较强的交叉性、互动性,从而促进各国经济协同发展的效应。

总而言之,经济全球化是一个不以人的主观意志为转移的客观进程。国际货币基金组织(1997)、德国学者于尔根·弗里德里希(1998)都把经济全球化视为世界经济发展的客观过程。被称为"全球化"之父的美国学者丹尼尔·耶金认为全球化是一种你无法选择的既成事实,是一种已有的状态。约翰·邓宁(1996)说"除非有天灾人祸,经济活动的全球化不可逆转"。或如世界贸易组织前总干事鲁杰罗所说:"阻止全球化无异于想阻止地球自转"。(路透社,1997-02-18)对于中国来说,我们面临的已经不是要不要经济全球化的问题,而是如何应对经济全球化对于国家的经济、社会、文化等各个方面带来的冲击,争取在这一进程中获取更多的利益,并降低其中的成本支付。

1.3   经济全球化对全球雇佣关系带来的冲击

经济全球化,加速了资本在世界范围内的流动,改变了世界要素资源的配置格局,进而对雇佣关系带来了巨大的影响。这种影响不仅直接表现为各类企业雇主与雇员之间的冲突,而且还表现在劳动者与政府、发达国家的工会与发展中国家的工会以及不同国家的政府之间的利益差别和矛盾。

1.3.1   劳动方的力量不断下降,工会运动处于低潮

随着经济全球化的发展,各国之间的贸易和经济交往日益增多,为了提高竞争力,各国都十分重视新型雇佣关系的建立,政府围绕雇佣关系做了战略调整,而企业也先后进行了重大的结构调整。经济全球化带来世界范围内要素资源的加速流动,进而影响了劳动要素在世界范围内的供需关系。而在全球资本与劳动的力量对比中,劳动的力量往往处于劣势,而资本处于主导地位。具体表现为:作为强势一方的资本方,一方面通过批评本国政府对其管制过严,以及政府强调的高工资、高福利会造成劳动力成本过高,从而迫使政府放松管制;另一方面,资本方则通过要求受资国保持低劳动标准,否则就以撤资作为要挟。

因此,为了在经济不景气时能减少企业的压力并保持就业率,欧盟许多国家政府改变了过去长期实行的对雇员劳动报酬严格保障的制度,通过劳资谈判冻结工资或者延缓工资的增长,使国家经济不因为劳动力成本过高而丧失竞争力。同时,在政府的干预下,劳资双方通过谈判而不是对抗来解决经济纠纷,以合作代替对抗的做法进一步加强。

这种劳方的力量不断趋弱的现象,直接表现为全球工会运动处于低潮,工会组织普遍弱化。据统计,近年来,除北欧的少数国家外,许多发达国家的工会会员率都在下降。如近年来美国的工会入会率跌至13%以下,法国仅为8%,西班牙平均为15%。工会普遍财政困难,政治和社会影响力减弱,集体协议覆盖率下降。(甘春华、张炳申,2007)

1.3.2　国际劳动力市场贸易摩擦层出不穷

各国加紧对国际劳动力市场的争夺,不同国家劳动者之间存在利益矛盾。西方国家与发展中国家在劳动力价格上的矛盾,使各国工会之间围绕就业而出现的竞争加剧。经济全球化使发达国家的资本流向中国及亚洲大多数发展中国家,由于后者廉价的劳动力资源,从而使得发达国家传统产业萎缩,失业率上升。近年来欧洲失业率平均为10%。这一趋势也挑起了中国及亚洲发展中国家工会与发达国家工会之间围绕劳动力价格的竞争加剧,以及两者之间的利益分裂加剧。(黄河涛,2007)这种竞争主要表现在两个方面:

(1)围绕"国际贸易与国际劳工标准"是否挂钩的问题,发展中国家工会与发达国家工会展开了20多年的争论。为了保护本国劳动者利益,一些发达国家提出要抵制发展中国家的廉价劳动力"倾销",想方设法制造劳工方面的贸易壁垒,致使有关劳动的贸易摩擦不断发生。例如,一些资本主义国家曾力图将国际劳工组织(ILO)公约中的核心劳工标准写入世界贸易组织条款,而许多发展中国家(包括中国)的劳动法规还达不到ILO的核心劳工标准。这种争论在每年一次的世界贸易组织大会上表现得最明显,例如1999年美国西雅图世贸组织"千年回合"谈判期间,美国劳工组织和国际自由工联的大示威、扰乱会议、砸麦当劳等例要求通过"挂钩",遭到发展中国家一致反对,会议不欢而散。

(2)SA8000的"查厂"活动。早在2002年3月,沃尔玛、家乐福、麦德龙、欧尚等跨国零售集团先后在天津、南京和上海等地举行了大型的全球采购交易会。采购不仅设立了质量和价格的门槛,劳工标准也成为取得新订单的重要条件。近几年,沃尔玛先后在广东深圳、东莞和福建莆田等地设立了30多人的劳工监督部门。沃尔玛、家乐福、欧尚、耐克、锐步、阿迪达斯、迪斯尼、通用电器等60多家跨国公司还在我国检查了1 000多家工厂,50 000多家工厂被要求随时接受检查。一些劳资关系和谐、遵守劳工标准的工厂得到了更多订单;一些违反劳动法规、劳资关系紧张的工厂被取消供应商资格,甚至被迫关闭。

1.3.3　劳资谈判跨越国界,工会竞争日渐凸现

经济全球化,使劳资谈判和工会已突破了一国范围,成为全球性的问题。世界要素资源格局的改变,影响了劳动要素在世界范围内的供需关系,为跨国公司寻求更廉价的劳动力、压低本国工人工资提供了良机,并激发了各国工会围绕劳动力供需价格展开竞争。如法国现有的关于保障员工合法权益的法律规定,要优于欧盟各国共同承认的法律,这使法国工会原有的有利于员工的法律面临怎么办的问题。对企业而言,不仅要研究其他国家的生产制度,还要研究其雇佣关系制度。近年来日本和欧洲(尤其是德国)企业在国际竞争中表现的优势,已引起广泛的关注。通常认为,导致其企业成功的关键因素之一是欧洲、日本的雇佣关系制度。(程延园,2007)

许多国家的工会,包括一些国家的政府也认为,在面对跨国公司的强大力量时,建立在单个国家基础上的劳资谈判存在着相当大的局限。这种观点是基于这样的一种理论,即跨国公司已经采取全球性措施:跨国公司通过威胁把生产转移到其他国家的方式,迫使工会作

出让步，从本质上来说它能够使某一特定群体的雇员与另一群雇员相互竞争。因此一个工会仅仅在一个国家内单独行动是不能有效地应对跨国公司的挑战。而西方发达国家工会也试图通过国际合作来减弱跨国公司的冲击，如跨国集体谈判或提高公司运作国家工人的就业标准，来组织跨国公司通过到低工资国家进行新的投资转移生产，但成功之例少之又少。

事实上，当各国工会试图组织起来进行跨国谈判时却又面临着更大的障碍。除了跨国公司设置重重障碍外，有一部分障碍也来自工会本身。例如：各国雇佣关系法律之间存在差异；缺乏一个中央权力机构；文化差异；缺乏协调一致的行动；不同国家之间对不同因素考虑顺序不同等。各国工会只有克服这些障碍，才能把注意力转移到谈判的外部因素上。不同国家的工会为保护就业而爆发了许多利益冲突，例如美国汽车工人联合会希望和日本汽车工人工会签署一份协议来减少日本对美国出口汽车的威胁，但遭到了日本汽车工人工会的拒绝。

由此可见，随着经济全球化进程的深入，各国的雇佣关系面临着与以往不同的国际和国内环境，而雇佣关系领域也发生了许多新的变化，出现了许多新的特点，同时也带来了许多需要深入研究的新问题。我国劳动关系的变化产生的深刻影响有：一是同工不同酬的矛盾将更加尖锐化。来自不同国家和地区投资者的企业中，往往是同样的工作岗位，工资待遇却不同，甚至差距较大；同一个用人单位中同样或相似的岗位，其劳动者来自不同的国籍，报酬差别悬殊，因而导致劳动关系不平等。二是两个最大化的矛盾将日益显现。用人单位追求利润的最大化，而劳动者追求工资的最大化。协调二者矛盾既没有规范，又缺乏协调主体。三是就业空间不足和以劳动力价廉优势吸引投资导致劳动力供给方自身的相互竞争，从而给用人单位尽量压低雇佣工资提供了可能。四是一些非公有制企业用工条件低龄化倾向和劳动者长远利益的矛盾在相当程度上存在。大量的劳动密集型企业，用工条件限定在18～28周岁，劳动合同年限一般在3～5年，年龄稍大就解除了合同，这些劳动者往往技术单一或根本没有什么技术，转岗再就业的难度很大等。

1.4　汽车行业在中国经济全球化进程中的战略地位

随着中国日益融入经济全球化的进程，汽车行业在中国经济中占有的地位也越来越重要。汽车产业一方面代表着一个国家工业化水平的产业，另一方面也具备主导产业的特征。

1.4.1　汽车行业是中国经济的主导产业

所谓主导产业，是指那些在特定时期内，具有比一般产业更快的增长势头、更多的前后向联系、在产业结构中占据优势比重的产业部门。主导产业产品通常具有收入弹性较高，对国民经济的拉动作用非常显著等特征。罗斯托关于主导产业的定义与此相似，"一个新部门可以视为主导产业的这段时间，是两个相关因素的复合物：第一，这个部门在这段时间内，不仅增长势头很大，而且还要达到显著的规模；第二，这段时间也是该部门的回顾效应和旁侧

效应①渗透到整个经济的时候"。(史忠良,2005)

汽车产业所具有的典型特征就是规模效应,它不仅指整车制造企业要达到一定的产量规模,也包括为整车配套的零部件企业也要到达一定的产量规模,这样生产出的产品才具有市场竞争力。汽车产业的发展一方面要与相关的原材料、零部件工业等上游产业发展相协调,也要求与汽车消费和使用的下游相关产业的发展相适应,同时还要与国民经济的不同发展阶段相适应。面对不同的国民经济发展阶段,汽车产业所针对的消费对象与服务领域也各不相同。伴随着经济的发展,汽车不仅是简单的生产资料,更成为了生活消费品,由于汽车产业具有产业关联度大、紧跟时代的特征,特别是技术创新和高投入、高产出、规模经济等领头羊的特点,汽车产业已成为世界公认的推动国民经济发展的火车头。

另外,罗斯托将人类社会的经济增长分为传统社会、为起飞创造前提、起飞、成熟、高额群众消费、追求生活质量六个阶段,每个阶段的演进是以主导产业部门的更替为特征的。他认为经济成长的各个阶段都存在相应的起主导作用的产业部门,主导部门通过回顾、前瞻、旁侧三重影响带动其他部门发展。如表1-1所示,在高额群众消费阶段,主导产业是汽车工业。我国当前经济发展阶段大致与此相同。

表1-1 罗斯托划分的各个经济成长阶段

经济成长阶段	相应主导产业	经济成长阶段	相应主导产业
1. 传统社会阶段	绝大部分以农业为主体	4. 成熟推进阶段	钢铁工业、电力工业
2. 为起飞创造前提阶段	仍以农业为主体	5. 高额群众消费阶段	汽车工业
3. 起飞阶段	纺织工业、铁路建筑	6. 追求生活质量阶段	服务业、城郊建设业

30年来,中国汽车工业已经在整个国民经济发展中占有了重要地位。2006年中国成为世界第三大汽车生产国和第二大新车销售市场,中国已经是汽车生产和消费大国。2006年,中国汽车保有量达到3 800万辆;全国汽车行业共有整车生产企业161家,规模以上汽车零部件生产企业4 600家;汽车行业从业人员224万人。全国规模较大的30多家汽车整车厂到2008年的产能将达到1 300万辆,国内总产能将达到1 500万辆。随着中国经济保持快速增长,工业投资和居民消费对于汽车的需求会保持上升,出口总量不断增长,汽车及其相关产业的投资、消费和出口增长会成为拉动中国经济增长的重要组成。

1.4.2 中国汽车行业日益融入经济全球化的进程②

中国汽车产业起步很早,但是发展缓慢。中国的汽车产业没有经历一个市场开放和充

---

① 罗斯托准则,又称"扩散效应最大准则",强调支柱产业对经济和社会发展的影响力。美国经济学家罗斯托认为,应选择扩散效应最大的产业或产业群作为一国的主导产业,重点扶持,加速发展,从而带动其他产业发展和社会进步。扩散效应的带动原理在于:(1) 回顾效应,主导产业高速增长,对各种要素产生新的投入要求,从而刺激这些投入品的发展;(2) 旁侧效应,主导产业的兴起会影响当地经济、社会的发展,如制度建设、国民经济结构、基础设施、人口素质等;(3) 前向效应,主导产业能够诱发新的经济活动或派生新的产业部门,甚至为下一个重要的主导产业建立起新的平台。

② 本节数据来源:历年《中国统计年鉴》、《中国汽车工业年鉴》、《中国投资指南》。

分竞争的过程,所以导致了长期以来产业内尽管企业数量很多,但是规模都不大,而且年产量不高,产品技术含量低,即使是同类产品,价格也远高于国际上同类产品的市场价格。但是在近十多年的产业发展中,尤其是随着中国加入WTO,阻碍中国汽车产业发展的坚冰政策逐步瓦解,中国汽车工业的市场结构正在发生变化,竞争日趋激烈,主要表现为:一是汽车企业产品系列不断加宽和延伸,以及不同企业产品市场的相互渗透;二是国产汽车和进口汽车的竞争日益白热化;三是以民营企业为代表的新企业的进入,改变了汽车产业竞争的传统格局;四是国内知名汽车企业与国际跨国公司各种形式的合资合作,声势浩大的国际产业重组席卷中国汽车行业。众多跨国公司在中国的投资和经营,必然导致企业间激烈的竞争,事实上跨国公司已经在中国展开了一场名副其实的国际竞争。

中国汽车行业已经成为跨国公司进入数量最多的行业,跨国集团进入中国的同时,也把跨国集团之间的国际市场竞争引向了中国国内市场。中国不仅有全球汽车制造商与中方合资建立的整车企业,还有很多独资或合资的国外汽车零部件企业。中外在汽车设计、技术开发领域的合作不断加强,与汽车相关的宣传、展览、文化活动等合作也非常多,中外在技术、管理、贸易合作、人员交流等方面合作越来越深入。2006年中国汽车及零部件进出口出现22亿美元顺差。这说明中国汽车真正进入国际市场,成为国际性产业。随着上汽收购韩国双龙、南汽收购英国罗孚、吉利收购沃尔沃等都说明中国汽车企业已经走出了国门,基本具备了建立全球战略的基础和发展框架。

1.4.3　中国汽车合资企业方兴未艾

跨国公司进驻中国汽车行业以1983年北京吉普汽车有限公司成立为标志。经过20年的发展,截至1998年底,汽车行业共有外商投资企业466家,其中整车企业102家,汽车零部件企业350家,其他企业14家。外商对汽车行业投资总额达203.66亿美元,其中整车外资企业投资总额110.40亿美元,汽车零部件外资企业投资总额90.04亿美元,其他外资企业投资总额3.21亿美元。仅2001年汽车行业外商投资294项,合同外资金额8.7229亿美元,同比分别增长31.67%和37.38%。2002年批准外商投资项目共537个,同比增长82.65%,合同外资金额16.3917亿美元,同比增长87.92%。

截至2002年,中国汽车工业已与世界上20多个国家和地区的企业建立了600多家外商投资企业,吸引外资大概占整个中国汽车产业资产的40%,合资产车占内地市场份额逾30%。世界500强企业中共有24家主要从事汽车产品的公司,27家兼生产汽车产品的公司,这51家公司,已经全部在我国建立了合资汽车企业。据统计,世界最大500家公司在我国汽车行业共建立了100家企业,其中整车企业23家,零部件企业77家,投资总额达127.5亿美元,占汽车行业外商投资总额的62.6%。近年来,我国成为全球汽车行业发展最为迅速的地区之一。"十一五"期间,我国汽车市场实现了由500万辆级向1800万辆级的跨越式发展,汽车工业总产值完成了从2006年的1.4万亿元到2010年的4.3万亿元的发展,强劲的汽车市场需求为汽车零部件企业带来持续的发展空间。(中国汽车工业协会)

2011年,受政策因素和宏观经济形势影响,商用车市场表现较为低迷,共销售403.27万辆,同比下降6.31%。2011年,在商用车主要品种中,客车市场表现最为出色,2011年共销售 40.34 万辆,同比增长 13.25%；货车市场结束上半年快速增长,呈小幅下降,共销售 270.19 万辆,同比下降 4.57%。其中,半挂牵引车和货车非完整车辆(货车底盘)市场需求下降较为明显,成为拉动商用车销量下降的主要因素,分别销售 25.76 万辆和 58.53 万辆,同比下降 27.37% 和 13.31%。2011 年,虽然国内汽车需求减缓,但汽车出口继续保持较快增长。2011 年,汽车企业共出口各类汽车 81.43 万辆,同比增长 49.45%。此外,根据海关汽车商品统计数据,2011 年 1～11 月,汽车商品出口金额 624.60 亿美元,同比增长 33.55%；其中整车出口金额 99.12 亿美元,同比增长 58.94%,全年将稳超百亿美元,超过历史上最好的 2008 年。

而中国加入 WTO 后,新的汽车产业政策已于 2004 年颁布。据中国汽车工业协会统计,受全球性金融危机的影响,2008 年我国汽车增速放缓,产销量分别为 934.51 万辆和 938.05 万辆,同比增长 5.21% 和 6.70%；2009 年,随着《汽车产业调整与振兴规划》,汽车下乡、汽车以旧换新等一系列鼓励政策的出台,我国汽车产销实现了“井喷”式增长,全年产销量分别为 1 379.10 万辆和 1 364.48 万辆,同比增长 47.58% 和 45.46%,首次成为世界第一大汽车消费国。2010 年汽车产销量分别为 1 826.47 万辆和 1 806.19 万辆,保持全球第一,同比分别增长 32.44%、32.37%。中国政府已确定新时期汽车工业发展的指导方针是扩大开放、鼓励竞争、加快发展,从实际出发,充分利用中国现有的产业基础和比较优势,通过与汽车工业发达国家的合作,主动参与国际竞争,改革政府管理方式,改善市场环境,促进公平竞争,坚持开放和自主发展相结合,增强国内企业自主开发和创新能力,将比较优势转化为竞争优势,从而提高中国汽车企业的竞争力。由此可见,中国的汽车行业将日益加快经济全球化的步伐,而在此过程中其传统的资源配置方式、产业竞争模式和产业组织结构、产业发展战略和相关政策等各个方面也将面临着严峻的挑战。

1.5　小结

汽车工业是基础工业部门,是国家经济自立和综合国力的核心标志,发展汽车工业,对国家工业的国际竞争力具有深刻战略意义。中国加入世界贸易组织以后,汽车工业取得了令人瞩目的成绩。本章对中国汽车行业发展状况进行梳理,对经济全球化的概念及其对雇佣关系的冲击进行理论探讨,可以发现,经济全球化是不可逆转的经济、社会发展潮流,而它对于各国雇佣关系带来的影响可以说是一把双刃剑。如果简易全球化研究方法,提供一个关于国际经济变革与国家雇佣关系类型彼此间关系的正确描述,我们会看到尽管国家之间存在着不同的历史与制度,国家间的变革方向应该是一致的证据。可是,现实中各国由于经济实力、产业结构和竞争能力等不同,在经济全球化进程中,各国得到的机遇是不平等的,所面临的挑战也是不同的。对于中国的雇佣关系来说,经济全球化已不是一种选择,而是一种现实,分析经济全球化背景下中国雇佣关系的发展和变化,进而探索一种适应经济全球化的发展战略是我们所面临的一项艰巨任务。

第二章 学者对雇佣关系的研究状况及中国雇佣关系的发展历程

2.1 国外学者对雇佣关系的研究

最先提出"雇佣关系"这一概念的是英国人 Charles Morrison。他在 1854 年发表的《论劳资关系》的论文中不仅创造了这一学科的名称,更明确了这一学科的主要目的:研究工人与雇主的关系。作为雇佣关系概念发祥地,英国本身也具备更长的工业化、工会以及劳工立法的历史,而且英国的 Morrison、Sidney 和 Beatrice Webb 被视之为劳工问题、劳工制度研究的奠基人,按理说应在此基础上形成对雇佣关系的系统研究。但是,雇佣关系的真正系统研究却出现在美国。美国学者 Kaufman(1993)认为,当时美国激烈的劳工冲突是导致雇佣关系研究在美国成为一个重要学术领域的主要原因。不少学者(Commons,1911;Kaufman,1993)将当时激烈的雇佣冲突归因于三个方面:第一是美国出现了大型资本密集型科层制公司,拉大了雇主与雇员的社会距离,削弱了工人对雇主讨价还价的地位与能力;第二是美国1870 年开始发生的持续经济衰退,许多企业通过降低工人工资、增加劳动强度或者拒绝改善工作环境以缓解困局,而工人为保住工作,工资向下竞争,但是许多外国移民的涌入,使得就业局势进一步恶化;第三是管理层的管理方法较为粗暴和强制,雇主把工人视为工具,通过当时普遍施行的工头制度实现用最少投入实现最大产出等。

激烈的雇佣冲突引起社会各界对于这一问题的关注。1919 年 10 月《雇佣关系月刊:布鲁费尔德劳工文摘》正式出版。次年,美国雇佣关系协会成立,这一协会最早称为雇佣经理协会,成员由主管人事的经理人组成,后来这个组织于 1923 年更名为美国管理协会。而1920 年在约翰·康芒斯的领导下,美国威斯康辛大学建立的"商业与雇佣关系研究所"则标志着雇佣关系研究第一次成为独立学术领域。1921 年,沃顿商学院建立了雇佣关系研究所。1922 年,美国普林斯顿大学经济系也建立了雇佣关系研究部。1923 年,哈佛大学成立了研究雇佣关系的机构。1925 年,芝加哥大学设立了雇佣关系研究的教授席位。此后,肯萨斯雇佣法庭法案成立,坎萨斯州雇佣关系法庭依法成立,主要通过调停仲裁方式解决劳动争议,当时这在世界各国是绝无仅有的。

在西方近百年对于雇佣关系理论研究的过程中,比较有代表性理论主要包括:一元论学派、多元论学派、雇佣关系系统论学派、MIT 战略模型、激进论与国际比较劳资关系研究学派。下面将对上述六种雇佣关系研究领域中具有代表性的理论观点、政策主张以及相关实践进行评述。

2.1.1　一元论

一元论与多元论(monism and pluralism)是关于对世界本原认识的哲学学说,认为世界有两种各自独立、性质不同的本原,称之为二元论。"一元论"一词是德国唯心主义哲学家C.沃尔夫创造的,19世纪末德国动物学家、哲学家 E.H.海克尔开始将它作为哲学用语。一元论是认为世界只有一个本原的哲学学说;而多元论是主张世界有多种本原构成的哲学学说。

一元论研究劳资关系的视角是在20世纪80年代重新掀起的(Leiva,Hector,1999)。一元论的观点认为,工作组织应该是由一群有单一权力结构,有一套共同价值、共同兴趣、共同目标的人结合而成的(Farnham,Pimlott,1983);一元论的雇佣关系理论是随着人力资源管理、全面质量管理、全面质量客户服务等兴起而兴起的,这些新的变化影响了雇佣关系,使雇佣关系从敌意的关系转变为一种承诺和合作的关系。一元论认为,员工和管理层享有共同的目标,即提高组织的效率,并且两者的利益是一致的。在员工和管理层之间,管理部门的智慧和决策是理性的,管理层的权力是合法的,员工应该服从,任何反对意见都是非理智的。(Salamon,1987)因而,在一元论的框架中,组织不再是由"他们"与"我们"构成,而是一个目标基本一致的体系,所有生产要素投入者,包括资本投入者和劳动投入者,都是为了一个目标,那就是提高产量和利润。每个人根据在生产中的贡献和在企业中的位置获取相应的报酬,所以组织内部不应该存在冲突。即使有冲突,也应该是暂时的,不需要建立工会组织,因为工会将不利于组织内部的团结和合作,反而会引起冲突。(杨体仁、李丽林,2000)Goodman(1985)将一元论比作一台运行良好的机器,由于缺乏维护或是管理不善可能会时常出现故障,但是这些故障基本上是不正常的,能够被修理好来确保机器恢复到和谐的状态。工作车间的管理方法反映了 HRM 观点或是 Legge(1995)与 Guest(1995)提到的雇佣关系中的"新现实主义"。一元论视角下的雇佣关系理论主要可以分为新保守派模式和管理主义学派。

1. 新保守派模式

新保守派模式是当代西方经济学的重要学派,基本由保守主义经济学家组成,他们对于雇佣关系进行了卓有成效的研究,得出了本学派别具特色的雇佣关系理论关系,以一元论为特征。这一学派主要关注经济效率的最大化,研究分析市场力量的作用,认为市场力量不仅能使企业追求效率最大化,而且也能确保雇员得到公平合理的待遇。

新保守派一般认为,雇佣关系是具有经济理性的劳资双方之间的自由、平等的交换关系,双方具有不同的目标和利益。从长期看,供求双方是趋于均衡的,供给和需求的力量保证了任何一方都不会相对处于劣势。雇员根据其技术、能力、努力程度获得与其最终劳动成果相适应的工作条件和待遇,而且在某些企业,雇员也可能获得超过其他雇主所能提供的工资福利水平。雇主之所以提供高于市场水平的工资,是因为较高的工资能促使雇员更加努力地工作,提高效率。雇主也可以采取诸如激励性的奖金分配等方法,达到同样结果。因此,假如市场运行和管理方的策略不受任何其他因素的干扰,那么劳资双方都会各自履行自己的权利和义务,从而实现管理效率和生产效率的最大化。资方获得高利润,雇员获得高工

资、福利和工作保障，形成"双赢"格局。(John Godard，2000)

由于劳动力市场机制可以保证劳资双方利益的实现，所以劳资双方的冲突就显得微不足道，研究双方的力量对比也就没有什么意义。若雇员不满，可以自由地辞职，寻找新工作；若资方不满，也可以自由地替换工人。市场是决定就业状况的至关重要的因素，工会或工会运动并不是劳动力市场所需要的。从长远来说，它对就业条件和就业内容没有什么明显的影响。他们甚至认为，工会或工会运动对于市场机制的运行和发展具有副作用或反面影响。因为工会实际形成的垄断制度，干扰了雇主与雇员个人之间的直接联系，阻碍了本来可以自由流动的劳动力市场关系，破坏了市场力量的平衡，使雇主处于劣势地位。由于工会人为地抬高工资，进而抬高了产品的价格，干涉了雇主的权力，最终会伤害雇主在市场上的竞争地位，也会削弱对雇员工作保障的能力。

在政府雇佣关系政策上，新保守派主张减少政府的收支规模，强调要减少税收，尤其是经营税收以及针对管理者和技术工人的税收；主张将市场"规律"引入工资和福利的决定过程，采用额外支付计划，使雇员的收入和绩效联系得更紧密。该学派还认为应该赋予雇主更大的管理弹性，减少限制管理权力的法律和法规，尤其是减少劳动法对雇主的限制。认为理想的劳动法应该使工人难以组织工会，或者即使有工会，其权力也很小。这样，劳动和资源的配置才会更加灵活，也才能提高劳动生产率。

在奉行新保守派思想的国家中，美国模式最为典型，加拿大和爱尔兰的主流思想也是新保守主义。在发达国家中，美国的税率和社会支出相对较低，其劳动法律体系虽然比较完整，但功能较弱。而且，雇员也相信只要雇主不违反国家制订的反歧视法或劳动法，就可以在任何时候、以任何理由合法地解雇工人，而无须提前通知，也无须支付解雇补偿费。因而许多人认为美国正走向"后契约"式的就业模式。在这种模式下，雇主与雇员的利益一致性很少，雇主很少向雇员提供培训机会，工作保障程度较低。雇员对雇主没有归属感，仅仅是对经济激励作出反应。(John Godard，1998)

这种模式的支持者通常相信，上述特征可以解释美国取得非凡经济绩效的原因。美国是世界上人均 GDP 最高的国家，失业率相对也比较低，但收入差距较大。根据联合国人权发展报告，在发达国家中，美国的贫困指标(收入在中位值 50％以下的百分比)较高，预期寿命达不到 60 岁的人口的百分比较高。美国工人的年工时很高，国际劳工组织 2001/2002 年劳工市场指标显示，美国工人 2000 年平均每人每年工作 1 978 小时，比 1990 年的 1 942 小时多出 36 小时。工会的组建率较低(2001 年约为 10％)，工人享有的权利和工作保护较少。另外，美国的罢工发生率也低于加拿大等其他国家。一些学者认为，这反映了美国的低工会密度和低罢工力量，认为低罢工率反映的不是相互满意的关系，而是被压抑的雇佣关系。事实上，美国雇佣关系是发达经济国家中最为对立的，其主要原因是美国劳动法体系作用较弱，雇主很容易隔离和瓦解一个已经成立的工会，因而造成雇主和雇员对立的环境。(John Godard，2000)所以，即使罢工率并不高，但仍能说明美国的雇佣关系的对立。

新古典学派雇佣关系理论忽视或贬低工会的作用，甚至工会或工会运动对于雇佣关系的运作具有副作用或反面影响，显然是片面的。就连新古典学派经济学家们自己也意识到这一点。后来他们开始关注雇佣关系系统内各要素的作用和特征，开始对工会的组织化水平、集体谈判的结构和性质以及工人的罢工行为等进行考察和研究,其理论模型也越来越将这些因素的发展变化包含在内。

2. 管理主义学派

管理主义学派一般由组织行为学者和人力资源管理专家组成。该学派认为,员工同企业的利益基本是一致的,雇佣冲突问题主要是由有缺陷的企业组织、不佳的工作场合、不良的领导风格以及交流不畅等管理不善问题引起。因此,要解决雇佣双方的冲突问题,管理主义学派认为其根本指导思想是:如果雇主与雇员双方都想有利可图,那么雇主的劳工政策必须有助于企业建立长期竞争优势和获取长期利润。所以,制定进步的劳工政策,不但是出于高尚的道德需要,更是出于组织长期绩效的需要。因此,如果企业能够采用高绩效模式下的"进步的"或"高认同感的"管理策略,冲突就可以避免,并且会使双方保持和谐的关系。这种高绩效的管理模式的内容包括:高工资高福利、保证员工得到公平合理的待遇、各种岗位轮换制度和工作设计等。若这些管理政策得到切实实施,那么生产效率就会提高,员工辞职率和缺勤率就会降低,工作中存在的其他问题也会迎刃而解。(John Godard,1998)因此,这一学派致力的目标是实现工人与企业组织在利益上的和谐一致,消除雇佣双方的冲突,从而确保企业的高效运行,他们更关注就业关系中员工的动机及员工对企业的高度认同、忠诚度问题,主要研究企业对员工的管理政策、策略和实践。

因此,该学派对工会的态度是模糊的。他们一方面认为,由于工会的存在威胁到雇主的管理权力,带来雇佣关系的不确定性,甚至是破坏,从而应尽量避免建立工会。例如美国在没有工会的部门,雇主系统地设计了确定工资和工作条件的一系列管理程序。就工资而言,一套将工作评价和个人表现评价相结合的评价系统被广泛地采用。支付给员工的工资率的范围(例如给销售人员的),将由评估出来的其工作对企业的价值来确定(例如岗位评价)。一个特定员工的工资率将由其资历、绩效和其他因素来确定。工资之外的福利,例如医疗保险、养老金、休假和节假日等将由公司政策规定。这些因素在确定的过程中必须关注外部的劳动力市场,以保证企业提供的所有薪酬足以吸引和留住所需要的员工。(Gomez-Mejia,Balkin,Cardy,1995)另一方面,该学派也相信,在已经建立工会的企业,雇主应该将工会的存在当做既定的事实,同工会领导人建立合作关系,并不断强调,传统的、起"破坏作用的"工会主义已经过时,只有那些愿意与雇主合作的工会才有可能在未来生存。例如日本的雇佣关系模式,"终身雇佣"、"年功序列"、"企业工会"是其突出的特点。日本模式的产生,与其社会文化传统、价值观念和信仰有关。在日本,企业更像"家族",而雇员是其终身的成员,雇主愿意对其进行投资,并提供长期的就业和工作保障。工会以企业为基础,具有明显的"企业工会主义"特征,在企业中发挥着高度合作的作用。在每年3月举行的"春季劳动攻势"中,雇佣双方相互也没有直接对立,从而不太容易引起罢工。尽管工会更多地趋于与雇主合作,但其工会密度仍相对比较低,大约只有1/4的劳动力是工会成员。(查找天下文化,日本章)

管理主义学派认为,日本的经济体系在整个20世纪70年代和80年代的主要特征是快速增长和非常低的失业率(低于3%),90年代以后,经济增长放慢,失业率上升,但日本的GDP增长率、人均GDP、贫困率以及预期寿命低于60岁的人的比例等指标与加拿大相当,且贫富差距不大。但日本工人的工作时间长于美国,工作压力以及因工作压力造成的疾病也多于其他国家,工作环境比北美国家要差。但是和谐雇佣关系依然产生的原因,是管理者自身处于与雇员同样的薪酬支付体系中,相对而言,他们不那么容易压低员工工资。(Dore 1997)此外,雇员被认为是企业的"成员",更有义务维持企业的长期发展,因此他们也愿意接受相对比较低的工资增长率。

与管理主义学派主张比较接近的还有英国模式。英国在 20 世纪 80 年代和 90 年代推行了强硬的新保守派政策,但 1997 年,随着托尼·布莱尔领导的新工党的当选,政策开始发生变化,其中比较著名的改革是 1999 年对劳动法的修改。这一改革规定了工会要取得集体谈判资格,不仅要在谈判单位中获得多数支持,还要遵循法律上的"承认"程序。而且,新法律对集体谈判的内容也做了限制性规定,仅限于对工资、福利和休假进行谈判,在罢工持续 8 周以上时,雇主可以依法雇佣永久性替代工人。同时规定雇员个人也可以在集体谈判协议基础上同雇主进行个别协商,签订劳动合同。英国劳动法的改革,是建立在管理主义"效率和公平完全和谐"的假设基础之上的,其宗旨是在工作场所建立一种新型伙伴关系,鼓励劳资双方进行合作。新法律规定雇主必须在每 6 个月内至少同工会官员会见一次,商讨有关培训等事宜,如果雇主没有按期举行这样的会议,将被处以高额罚款。

与新保守派相比,管理主义学派更多地看到"纯市场"经济的局限性。虽然他们也认为政府不应该直接干预经济,但支持政府间接介入,扶持那些对国家经济发展具有特殊战略优势的产业,增加对人力资源培训和开发的支持力度,并且为提高企业参与国际竞争能力提供服务。在雇佣关系和人力资源管理方面,管理主义学派主张采用新的、更加弹性化的工作组织形式;更加强调员工和管理方之间的相互信任和合作,尤其赞赏高绩效模式中的"高度认同"的内涵,包括工作设计改革、雇员参与改革,以及积极的雇佣政策;认为工会只有以一种更为认同的"伙伴角色"来代替传统的"对立角色",才能更好地发挥作用。

2.1.2　多元论

多元论在 20 世纪五六十年代最为盛行,但最初并不是用在研究劳资关系领域,而是用于政治和社会领域的理论。在雇佣关系研究方面,如 Blyton 和 Turnbull(1998)所观察,多元论不是一个同类或统一的分析架构,而是承认员工与雇主之间存在分歧和冲突,并认为组织中存在不同的利益群体,各利益群体的忠诚度也不尽相同。一个组织的员工与另一个组织的员工可能有类似的利益,并且他们会借助贸易工会来追求这些共同的利益。同时,多元论者认为员工和雇主之间的利益分歧并没有达到不可协调的地步,但是分歧和冲突是不可避免的,就业组织内的冲突主要来自于管理层和员工在组织内角色的差异。因而,多元论者认为,管理部门与工会必须经常主动通过谈判达成协议和制定管理体制,工会是平衡员工与管理层之间利益和力量的一个重要因素,员工拥有在其就业组织外与其他企业的员工横向联系的权利。

英国学者 Alan Fox 是第一批普及一元论和多元论的雇佣关系理论的学者之一。Fox (1971)正统多元论学派由传统上采用制度主义方法的经济学家和雇佣关系学者组成,该学派的观点是第二次世界大战以来发达市场经济国家一直奉行的传统理念的延续。该学派主要关注经济体系中对效率的需求与雇佣关系中对公平的需求之间的平衡,主要研究劳动法律、工会、集体谈判制度。

该学派认为,雇员对公平和公正待遇的关心,同管理方对经济效率和组织效率的关心是相互冲突的。同时也认为,这种冲突仅仅限于诸如收入和工作保障等这些具体问题,而且"这些具体利益上的冲突,是可以通过双方之间存在的共同的根本利益加以解决的"。(Kochan,T.,H.Katz.,1988)相对于雇主,雇员个人往往要面对劳动力市场的"机会稀缺"——能够选择的工作种类少,如果辞职,很难再有选择机会,所以,在劳动力市场上雇员大多处于相对不利的地位。而工会和集体谈判制度有助于弥补这种不平衡,使雇员能够与雇主处于平等地位,并形成"工业民主"的氛围。这不仅可以维护雇员的利益,确保更广泛的公平,而且对于鼓舞员工士气,降低流动率,提高生产效率具有重要意义。这些制度产生的经济效益,足以抵消高工资、高福利给雇主带来的成本,所以工会和集体谈判是有积极作用的。Clegg(1975)认为劳资关系是让步与妥协的过程,它通过一系列的规则制约权利的滥用,使劳资双方都能获益。他还认为在面对难处理的劳资纠纷时,多元论能够解释为什么现代社会还能保持相对的稳定。正统多元论学派传统的核心假设是:通过劳动法和集体谈判确保公平与效率的和谐发展是建立最有效的雇佣关系的途径。这是战后许多国家所奉行的雇佣关系制度。该学派强调弱势群体的工会化,强调更为集中的、在产业层次上的集体谈判,反对因任何偏见替代罢工工人;提出用工人代表制度等形式来保证劳动标准的推行,如建立工人与管理方共同组成的委员会,在公司董事会中要有工人代表,建立"工人委员会",工人代表可以分享企业信息、参与协商以及联合决策等。对该学派持批评态度者认为,这一模式的缺点是,工会的覆盖面具有局限性,工会与管理方过于对立,以及在存在工会的情况下工人仍缺乏参与权。

与管理主义学派相比,正统多元论学派尤其支持政府在经济结构调整和教育培训方面发挥更加积极的作用,主张在由雇员、雇主、省级或国家级政府三方组成的经济管理体系中,三方都有权对与雇佣关系有关的公共问题施加影响,平等地制定决策。

德国是实施正统多元论学派政策最典型的国家,德国模式也是该学派最为推崇的现实模式。德国模式的特色是强势劳动法、雇员参与制度、工人委员会制度、政府为工会提供信息、咨询服务和共同决策权等制度。在德国,企业被视为"社会机构"而不仅是一个"赢利机构",是社会绩效和经济绩效产生的基本单位。雇员享有广泛的参与管理权,雇员代表参与企业管理委员会,保证雇员利益与雇主利益在公司政策中的相互协调。如规定在2 000人以下的企业,雇员代表要占管理委员会的2/3;超过2 000人的企业,雇员代表占半数。另外,对超过5名以上雇员的企业,只要雇员提出要求,就须成立工人委员会。工人委员会全部由被选出的工人代表组成,具有更多的权利了解企业信息,享有协商的权利,对任何涉及雇佣关系的问题拥有共同决策权。例如,管理方在制定企业规章、日常工作时间与间歇、加班、薪酬体系、节假日安排、劳动保护等方面决策时,必须获得工人委员会的同意。工人委员会虽然与工会联系密切,但集体谈判主要在产业层面上进行,雇主可以自愿地通过雇主协会同工会在产业层面上谈判,冲突的协商也不在工作岗位层面上解决。工会在产业层面上的集体谈判和协商,要比工人委员会在企业层面上更能发挥作用。而且,通过谈判达成的协议即使在覆盖绝大多数工人的情况下,也不要求工人必须参加工会和缴纳会费,因而,德国工会在产业层面上，具有相当大的调整雇佣关系的能力。

德国工会对全国范围内的社会经济政策具有广泛的影响力。德国有丰厚的社会福利和严格的就业法，就业法规定所有劳动力市场参与者要有 6 个星期的带薪假期。德国的社会支出占 GDP 的百分比是美国的两倍。德国经济的显著特征是"多样化的质量型生产"，经济体系不是以低成本和传统的大规模生产为基础参与竞争，而是坚持高成本生产、以企业长期发展为目标、联合式的管理结构。这种经济以质量取胜，占领较小的"高终端"市场或"小环境"（Niche）市场。为实现这一战略，必须加强培训和学徒制度，德国的培训制度和职业教育制度在发达国家中，非常有特色，它产生了"高技术、高报酬、高质量"的经济。

德国人均 GDP 比加拿大稍低，明显低于美国。但德国工人的年工时与其他发达国家相比比较短，劳动参与率也比较低。国际劳工组织 2001 年劳工市场指标显示，德国工时比 10 年前要短，2000 年德国工人比美国工人少工作了 500 小时，即相当于休闲时间多出 12.5 周。而且德国有比美国和加拿大更小的贫富差距和更低的贫困率。德国的社会制度受到更多工人的欢迎，原因之一是德国集体谈判的覆盖率很高。在德国 10 个工人中有 8 个被集体谈判签订的集体协议所覆盖，罢工活动非常少，反映了德国的工会已经整合到德国的体制中，成为社会经济结构的一部分。集中化的集体谈判结构、工人委员会及工人代表参与管理委员会制度，为冲突的显性化提供了另外的道路，从而避免了冲突的加剧。所以，同罢工率同样很低的美国相比，德国的低罢工率非但不是一个不良表现，反而是一个制度运行良好的信号。但是也有人对多元论持批判态度，主要关注之一是集中在劳资多方权利大致平衡的假设上，这如同对游戏规则取得一致意见。（Child，1981）Hyman and Fryer（1975）认为，管理层与工会间权利分配上并非存在对称，权利会极大地偏向管理层。他们认为任何现实的劳资关系的出发点必须是资本与劳动间不平衡的物质权利。这种观点源自于这样的事实，那就是生产系统大体上是极少部分人的私有财产。其次是对多元论框架的批判。它批判框架突出促进理性的、有效率的、有效果的冲突管理。Fox（1974）认为这与复杂的管理主义形式没有什么差别，管理主义目的是在提高和维持秩序的规章制度内找到遏制冲突的方法。

2.1.3　雇佣关系系统模型

美国学者邓洛普（Dunlop）于 1958 年提出了雇佣关系系统模型（systems model），认为最好将产业关系视为是更广泛社会系统中的一个子系统，这个框架中所包含的一个重要方面就是将雇佣关系系统看作是一个可以向均衡自我调整的。当某个要素发生了改变就会引发其他要素的反应，在经过一系列的运动过程后总是可以在系统中重新恢复秩序。这一理论认为工作被一系列广泛的正式和非正式的法律、规章监管着，包括从招聘、休假、绩效、工资、时间和很多的其他雇佣中的所有细节。也就是说雇佣关系系统模型提供了多元化的版本将雇佣关系的过程、实践、知识系统化。（Nicholls，1999）邓洛普首先将系统理论的模型引入到雇佣关系研究的领域中，用系统的概念和分析方法来探讨雇佣关系问题。

邓洛普的雇佣关系系统模型由三个行为主体、环境、系统内的意识形态以及许多规则所组成。三个行为主体分别是管理人员、员工和政府；影响行为主体的环境包括技术、劳动力和产品市场、法律以及在整个社会体系中权力的分配等；系统内的意识形态是指在组织中存在的一套普遍认可的信念,它不仅决定着每个行为者的作用,而且决定着一个行为者对其他行为者的看法,只有当对有关作用的看法一致时,劳资关系系统才是一个稳定的系统;系统中的规则是随过程的变化而变化,这些规则的变化同样会使劳资关系发生变化。

邓洛普指出,雇佣关系的核心问题是管理者和工会之间就有关工作规则(work of rules)的谈判。这些工作规则包括两个方面:一是有关福利的规则,包括薪酬、休假等;二是有关工作权利和义务之间的规则,如绩效评估、奖惩制度和操作流程、雇佣和解雇制度的程序等。这些规则的制定有赖于管理者与工会之间的谈判。当劳资双方的谈判因各种原因无法继续进行的时候,政府相关部门承担了第三方职责,由此形成了现代协调劳资关系的"三方制度"。①

大多数对雇佣关系系统理论的批评认为该理论只是一种分类方法,因而仅仅是描述性的,并不能解释雇佣关系背后所蕴藏的规律,也没有清楚地说明其三个组成部分之间的关系。有人 Gill(1969)批评邓洛普的模型本身并不具有预测的价值。还有人 Bain,Clegg(1974)批评邓洛普的理论忽略了行为变量,如动机(motivations)、认知(perceptions)和态度(attitudes)的重要性。Mayo(1949)认为邓洛普忽略了"人际关系学派"(human relations school)所强调的非正式工作集体的重要性。此外,邓洛普的研究方法专注于制订法规的机构及冲突的调解,而未探讨冲突发生的原因及人(people)在关系决策中所扮演的角色。(Hyman,1975)

2.1.4　MIT 战略模型

战略选择模型理论(strategic choice theory)是由 Kochan、Katz 和 McKersie's(1986)提出的。这一理论使用了邓洛普提出的系统概念,但是同时也认为邓洛普提出的雇佣关系系统模型已经不再能够解释当时美国的现象,因为邓洛普模型中提出的存在于雇佣关系三方主体之间的共享的意识形态在当时的美国已经不复存在。Kitay,Lansbury(1999)还认为这种早期的主流雇佣关系模型认为管理者过于被动,而事实上所有主要的参与主体都会根据自己的价值和环境作出战略选择。因此,Kochan 等人(1986)认为有三个转变在决定管理者处理产业关系问题具有影响力:第一,工会成员的日益下降和无工会的新兴雇佣关系的兴起;第二,工会参与的集体谈判结构和成果已经改变;第三,新管理主义价值观和人力资源管理战略的出现,鼓励信息共享、工作合作、绩效激励机会和自治工作团队。上述这些变化已经导致工作关系中决策权威的重新分配。因此,在处理雇佣关系领域的问题时,传统的主流模型已经不再适用。因此,他们根据大量雇佣关系领域的变革推动了理论的发展。

Kochan 等人认为美国在 1960~1980 年经济和组织结构的重大变化也带来了产品和劳动市场的变化。面对新的商业机会和降低成本的需要,美国的雇主更愿意在没有工会控制下管理企业。而新兴的人力资源管理理念和技术鼓励组织在雇员管理中采取更加前向(pro-active)的方法。Kochan 等人认为,这些得以反映在高级管理者在人力资源和战略发展中采用的更具整合性的方法中。不过 Levin(1987)对 Kochan 等人的战略选择模型提出

---

① 佟新:《全球化下中国"三资"企业劳资关系模式》,载中国工人网,http://www.zggr.cn,2005 年。

了质疑,他认为管理者在市场的限制下,在政策上越来越没有选择。

Kochan 等人认为管理者不能再被仅仅看作是对组织劳动者提出的需求和主动性的被动反应者。人力资源和经营战略的整合意味着市场营销、产品、财务、投资等决策在工作场所关系的日常管理中表现出日益重要的影响。尤其是产品市场的变化导致美国企业在竞争战略中采用了大规模、低成本战略或者差异化的战略或者市场集聚战略,而不同战略会导致不同雇佣关系的产生。例如差异化或者集聚化的战略通常要求更大的灵活性,这是传统的集体谈判所不能解决的;而工会对于提高工资的要求,也会促使选择低成本战略的企业考虑避免工会。而随着无工会组织等新的工作场所制度的出现,不仅对管理层而言,出现了成本、灵活性和其他方面的优势,而且给工人也带来了自身得到发展的好处。(Kochan,Katz,Mckersie,1986)

Kochan 等人还指出,雇佣关系体系不同层次的决策和活动之间是相互联系的。尽管关于业务的战略选择通常由高层管理人员决定,但是这些战略选择对中层的雇佣关系和人力资源政策与实践,以及基层工作场所的实践有着重要的影响。例如,在战略层面引入新技术以提高资本设备的决策,可能会对未培训和人员配备方面的集体谈判产生影响,人员配备或者工作组织方面的变化进而还会影响工作场所的关系。因此,战略决策将对系统不同的参与者都产生影响。例如,政府对宏观经济政策的战略转变(如影响银行利率并带来利率上升)会影响企业的长期投资战略并会考虑降低维持现有人员配备的需求,进而组织未来的雇佣战略、人力资源政策、集体谈判形式以及工作场所中雇佣关系的性质和行为都会受到影响。

基于上述理论,Kochan 等人(1986)提出了分析雇佣关系问题的总框架。这一框架由三个层次组成:中间的层次包括集体谈判和人事政策,这是传统的雇佣关系和人力资源研究中的重点内容;较高层次的长期战略和决策,这是战略管理、人力资源管理和市场营销等专业所研究的内容;较低的层次是工作场所和个人或组织的关系,这是工业社会学和组织行为学所研究的内容。而美国从事雇佣关系研究的学者几乎都同时进行着人力资源管理的研究。

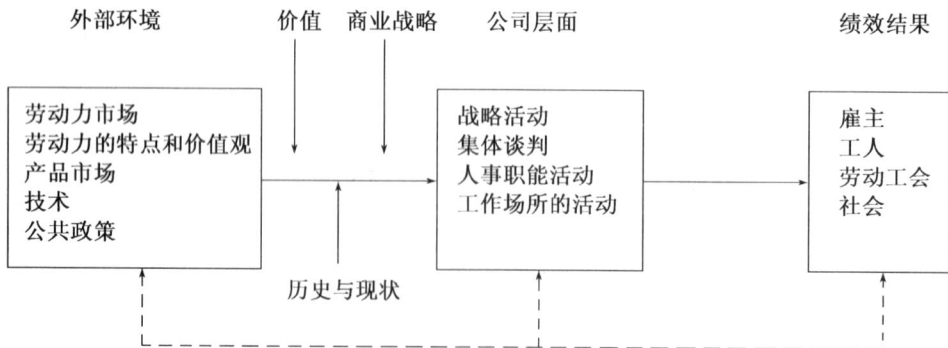

图 1.1　雇佣关系问题分析框架

2.1.5　激进论

激进论不同于多元论,它认为多元论中促进资本和劳动力的权利平衡是一种假象。

(Salamon,1987)激进论将劳资关系看作全体社会生产关系的一个要素。(Hyman,1975)Hyman(1989)认为"劳资关系"一词既"空洞"又"不连贯"。他声称"'工作章程'(job regulation)过程可以被充分理解为仅仅是分析的一部分,一方面是生产和积累的动态,另一方面是社会、政治关系的广泛形式"。

激进论者比多元论者更关心权力概念。这也不足为奇,多元论者 Martin(1981)关注的是冲突解决方案和程序上的改革。Martin(1981)还认为社会标准、价值和信念的生成加强了市场上劳动力的弱势地位。社会标准、价值和信念倾向于维持工业中现有的权力分配以及抑制工人阶级政治觉悟的发展。

在马克思主义的雇佣关系理论框架中,冲突是经济和社会体系中固有的,可以通过社会变革来解决。马克思主义以历史事实为依据,全面系统地对资本主义生产关系进行解剖,揭示雇佣关系的实质:

(1) 资本主义社会的政治制度和经济制度被认为是代表"资产阶级的政治和经济统治",为了与此抗衡,马克思提出了"工人阶级政治经济学",而雇佣关系则是无产阶级与资产阶级之间的关系。尽管马克思主义在雇佣关系研究理论中不占主导地位,但非常有影响力。因为在此之前还没有从工会的角度来描述劳资关系的文献。尽管有一些研究罢工、工资、失业等问题的文献,但都是从政府的角度出发,而不是从工人的角度出发。

(2) 从经济关系看,资本家与雇佣劳动者之间的关系是剥削与被剥削的关系,是两大阶级的对立关系。资本主义社会存在永远的阶级斗争,直到工人阶级取得胜利。这种斗争源自于财富分配的不平等和生产工具所有权的倾斜:财富所有权高度集中在一小部分资产阶级手中,而绝大多数的工人阶级生活在贫困中,只能出卖他们的劳动;占统治地位的资本家控制了政治和经济权力的工具,从工人阶级的劳动中获取"剩余价值"。"资本"希望用尽可能少的成本获得尽可能多的收益,而工人由于机会有限而处于一种内在的劣势地位,这种对立和冲突不仅表现为双方在工作场所的工资收入、工作保障等具体问题的分歧,而且还扩展到"劳动"和"资本"之间在宏观经济中的冲突。该学派认为,其他学派提出的"和谐雇佣关系"只是一种假象。这是因为:① 管理方通过精心设计安排工作职位,减少对工人技术和判断力的要求,来实现降低劳动成本、增加产出的目的。这种剥削方法使企业在产品、服务内容和技术水平一定的情况下,可以获得更多的利润。工作车间是阶级斗争表现的舞台,在资产阶级和工人阶级之间"存在着利益的极端冲突,这是劳资关系中发生所有事情的基础"(Hyman,1975)。布雷弗曼(1974)提出办公室以及车间工作更加缺乏技术上的要求,工人对劳动失去任何形式的控制就是"管理者运用所有科学创新所发明的生产技术来追求的理想"。他将这看作本质上的"泰勒主义"①,即现代管理技术和机械自动化的结合造成了劳动真正意义上的从属地位。② 管理方通过监督和强迫相结合的办法控制工人的行为,正如弗里德曼(1977)所认为的布雷弗曼理论忽视了管理多样复杂的特点,因为管理者不仅对技术进步作出反应,而且也调整工人的抵触心理、新产品和劳动力市场条件的程度和强度。从这

---

① 泰勒关于科学管理的概念,运用系统化的观察和测量,将任务具体化,事实上将工人数量减少到同高速运转的机器相匹配的层次上。

个角度讲,所谓的"进步"政策和方法,只是一种与传统的权威相比,更圆滑的策略而已。这些策略对于不可调和的冲突来说,从来也没有完全发挥过作用。牛顿和芬德利(1996)认为,管理者使用一系列的机制来实施控制的过程,"劳动过程的核心是岗位业绩和业绩评估"。根据牛顿和芬德利的看法,管理者总是在寻找提高控制机制效率的方法以使工人服从。他们从工人的劳动中"尽力榨出最后一滴剩余价值"。③ 管理主义学派的策略和方法实际是为管理方服务的,但媒体和教育体系却把它宣传为一种"双赢"的策略,而将冲突仅仅描述为就业组织内部的矛盾(程延园,2002)。通过舆论导向使工人相信既定的制度安排是合理的,以此制造资本主义雇佣关系"和谐"的假象,防范那些威胁到现有体制的事情的恶化和传播。

(3)"第三种人"理论。马克思并没有把资本主义两极关系简单化和绝对化,他认为,"现在只有两个起点:资本家和工人"。所有第三种人,"或者是为这两个阶级服务,以从他们那里得到货币作为报酬,或者是不为他们服务,而在地租、利息等形式上成为剩余价值共有者"(陈恕祥、杨培雷,1998)。马克思所指的第三种人实际上是管理层和科技人员。

马克思主义雇佣关系论更关注雇佣关系中双方的冲突以及对冲突过程的控制,并认为雇佣双方主体之间存在着不可调和的阶级矛盾。工人们只有通过工会组织起来,运用集体谈判和罢工等手段,才能减轻雇主对自己的剥削程度。马克思充分肯定了工会在管理雇佣关系中的作用:"它(工会)作为工资的调节者之一的作用,被认为同工厂法作为工作时间的调节者的作用完全一样"(马克思、恩格斯,1972)。但是,马克思主义也认为只要资本主义经济体系不发生变化,工会的作用就非常有限。尽管工会可能使工人的待遇得到某些改善,但这些改善是微不足道的。在中小企业,工会所争取到的让步会受到更多的竞争约束的限制;大企业虽然受到的约束限制较少,但通常会采用诸如关闭工厂、重新进行组织设计等措施对付工会。在技术变革和国际竞争不断加剧的今天,工会显得越来越力不从心。因为国际竞争总是更多地依赖人均劳动成本的优势,而非人均劳动生产率的优势。所以,要使工会真正发挥作用,必须提高工人对自身劳动权和报酬索取权的认识,了解雇佣关系对立的本质,进而开展广泛的与资本"斗争"的运动,向资本的主导权挑战。在实践模式上,该学派面临的主要问题是用何种社会制度来代替资本主义制度,以及如何完善这种新制度的问题,该学派的主要倾向是建立雇员集体所有制。John Godard(2000)认为前南斯拉夫建立的工人自治制度、瑞典的梅得尔计划(Mei-dner Plan),以及至今仍很成功的西班牙巴斯克地区的蒙作根体系(Mondragon System),曾受到该学派的特别关注。但是,有很多学者认为马克思雇佣关系论过于关注雇主—员工关系中的冲突问题。因此,Edwards(1986)认为工作关系中的信任、雇主与员工间的迁就融合、协作被严重地忽略掉了。Farnham(1979)认为当马克思专注的两极分化的阶级斗争作为对 19 世纪资本主义的正当解释时,忽视了福利国家复杂的经济、政治和社会冲突或是 20 世纪晚期的垄断资本主义。

2.1.6　国际比较劳资关系研究

国际比较雇佣关系研究是雇佣关系研究中不断成长和兴起的教学研究领域,Bamber、Lansbury、Wailes、赵曙明和李诚等人(2007)在其编著的《国际与比较雇佣关系》中汇集了来自不同国家的学者来关注一系列相似的问题,在分析九个工业化国家和三个新兴工业化国家/地区在雇佣关系方面的信息的基础上,使读者能够作出全面而充分的比较。

　　过去相当长的一段时间里大多数研究者都仅仅关注本国体系内的发展。在国际比较雇佣关系的研究中,各国学者按照一种相似的方式进行分析,即针对每一个国家和每一个产业进行资料收集,来比较这两个变量的解释能力。因为,在任何一个国家内,雇佣关系和人力资源管理的运作会随着产业、企业与时间的不同而不同,而且模型中所有的变量会因为不同的雇主、工会及政府影响力而有所不同。

　　而在最近的关于雇佣关系国际比较研究中,各国学者更加密切关注了经济全球化对世界重要市场经济中的雇佣关系的影响。研究中,各国学者对在宏观环境下雇佣关系的主要参与者(雇主、工会和政府)的特征加以概述,然后分析该国或地区雇佣关系的主要进程,诸如立法、工厂或企业谈判、中央化的谈判、仲裁和联合咨询,并且对该国雇佣关系中重要或典型的问题加以讨论,如新形式的人力资源管理(HRM)、劳动法改革、技术变革、员工参与、劳动迁移、劳动市场灵活性和收入政策。

　　这种研究在当前具有很强的现实意义:首先可以了解各国的环境如科技、经济政策、法律及文化等对于该国雇佣关系系统的影响;其次,不仅所有工业化国家,而且新兴的工业化国家或地区,甚至一些经济高速发展的发展中国家,都非常重视对于雇佣关系的研究。经济全球化所带来的压力迫使各国政府、雇主及工会都日益关注其他国家劳动力市场的现状和特征。这种面向跨国家与跨文化之间学习进程持续不断提供的支持性研究,对于经济全球化背景下各国及跨国公司均非常重要,对欧洲、亚洲、拉丁美洲中那些具有新的或尚不牢固的民主国家中劳动市场与雇佣机构的有效发展也很重要,理解并欣赏不同国家和文化中工作与雇佣实践的重要性对于管理者、工会领导者和政策制定者来说同样都是非常重要的。

　　由于在过去的十年中,经济全球化对世界各国或地区的政治、经济发展都造成了巨大影响,对于某些国家的影响甚至用高度敏感或紧张来形容也不为过。经济全球化在各个国家雇佣关系中扮演着日益重要的角色,而雇佣关系研究领域的学者在当前和未来面临的一些最大的理论问题和实践挑战在于,如何以一种有益于世界经济和提高发展中国家及发达国家人民生活水平和就业权利与机遇的方式来管理全球化。仅仅靠市场力量中的"看不见的手"(Bamber et al,2004)来调节是完全不够的,管理全球化需要基于充分经验和证据的公共政策和私人机构的实践,而国际比较研究方法也为有效面对这些挑战作出了卓越的贡献。将不同国家的雇佣关系进行比较研究有助于建立一种在各国之间通用的原则,通过利用和发展解释国家之间差异的通则和假说来研究和发展雇佣关系,从而建立和健全雇佣关系的理论。事实上,只要对经济、文化及历史传统背景类似的国家进行研究,研究就一定会有收获。(Strauss,1999)

　　雇佣关系比较理论同样引起人们的争论,焦点在于:是否存在适当的分析框架用以解释和引导跨国和全球的雇佣关系研究?目前,国际比较雇佣关系研究方法还处于发展阶段,但是在中国日益深入经济全球化的进程中,通过了解其他国家或地区雇佣关系理论和实践对于政府、工会和雇主进行雇佣关系的改革并且制定相应的公共政策具有非常重要的意义。

　　西方雇佣关系学派的理论和观点,反映了不同群体和个人对雇佣关系的评判,以及根深蒂固的价值观和理念。以建立雇员所有制为目标的激进派,其思想理念渊源于马克思的资本主义雇佣关系理论。追求以市场代表的效率和以工会、劳动法律制度代表的公平之间均衡的正统多元论，以及强调雇佣关系和谐与员工忠诚的管理主义学派的观点，可以追溯到埃米尔·迪尔凯姆的工业主义雇佣关系理论。强调产业民主和工人自治的自由改革主义学派的理论观点，可以从马克斯·韦伯的工业资本主义雇佣关系理论中找到支持。而信奉市场效率的新保守派的理论渊源更为久远，一般认为始于现代西方经济学鼻祖亚当·斯密 1776 年发表的《国富论》。

这些学派观点的相似之处在于，都承认雇佣关系双方之间存在目标和利益的差异。其主要区别体现在：对雇员和管理方之间的目标和利益差异的重要程度，认识各不相同；在市场经济中，对这些差异带来的问题提出了不同的解决方案；对双方的力量分布和冲突的作用持不同看法，尤其是对冲突在雇佣关系中的重要程度，以及雇员内在力量相对于管理方是否存在明显劣势这两个问题上存在明显分歧；在工会的作用以及当前体系所需的改进等方面各执一词。因此，在上面回顾的各种研究雇佣关系的理论中，实际上很难找到一种完全能够适用于中国的雇佣关系现状研究的理论框架。所以在研究转型经济时期的雇佣关系时，我们不可能仅仅依赖某种单一的理论或学科，而是应该把有用的理论和学科结合起来，使其适应中国劳资关系研究的需要。

随着经济全球化的进程、知识经济时代知识员工的出现和工会作用的削弱，全球范围内的雇佣关系均发生了巨大变化，中国更是如此。随着国有企业的改制、非公有制经济的蓬勃发展，中国企业的雇佣关系在转型时期的社会主义市场经济条件下则更具有自己的特点，而不单纯是劳资冲突或合作问题。因此，在现有理论框架下，无论是一元论（强调合作）、多元论（强调冲突），还是马克思主义研究的资本主义条件下的劳资关系理论，都不太适合作为研究目前我国社会主义市场经济中劳资关系的理论架构。

2.2　国内学者对雇佣关系的研究

中国早期的社会学家一开始就很关注雇佣关系问题的研究，最早关于雇佣关系的研究可以追溯到 20 世纪 20 年代。早在 1926 年，社会学家就对北京的手工业工人进行了调查，并先后对塘沽工人及上海工人、北平旧式手工艺工人的生活费及北平工人、华北铁路工人和华北纺织工人的工资待遇等问题作了调查。1928 年，李剑华出版了《劳动问题与劳动法》。1929 年，陈达出版了一本研究中国城市劳动问题的专著《中国劳工问题》，1930 年又出版了《上海工人生活程度的一个研究》、《塘沽工人调查》、《河北省及平津两市劳资争论的分析》、《中国劳工年鉴》等。1940 年，史国衡在对军需工厂工人生活状况调查的基础上写了《昆厂劳工》一书，并附录了田当康的《内地女工》，论述了当时女工进工厂的社会原因及她们对工业发展的作用。[①]

解放以后，中国学者对于雇佣关系的研究并没有中止，特别是近十几年来，对于雇佣关系问题的研究更加活跃、深入和广泛。此外，政府对于雇佣关系问题也非常重视，全国总工

---

① 佟新：《新时期有关劳动关系的社会学分析》，载《浙江学刊》，1997 年第 1 期。

会每年都要进行大规模的有关职工问题的社会调查，涉及雇佣关系的各个方面。

但是由于中国的国家性质及雇佣体制的特点，有的学者认为在中国是工人阶级和劳动人民掌握国家政权，他们是国家的主人，因此在计划经济体制下的雇佣关系不能称之为"雇佣关系"，而只能称之为"劳动关系"。国内学者董保华认为，我国一直以来流行的对于"劳动关系"的看法是从"国家本位"出发的"广义的劳动关系"，这种关系不仅是指劳动者与用人单位之间发生的关系，而且还包括国家在监督、协调、管理等方面所发生的社会关系。因而在计划经济体制下，劳动关系国家化而成为"三方关系"，即国家、单位、社会、个人形成一种纵向序列，每一个劳动者客观上都被围于"单位"这个狭小的空间。我国长期以来并没有真正意义上的企业，单位本身不负盈亏，只是国家管理的一个层次，单位与个人的关系就完全成为控制与被控制、管理与被管理、服务与被服务的格局。因此严格说来，这种劳动关系可是说是一种国家劳动关系，即形式上是"三方"劳动关系，内容上却是国家"一方"主导的行政关系。(董保华，2006)

改革开放特别是1993年党中央提出建立社会主义市场经济体制以来，随着中国经济全球化进程的深化，中国企业中管理者与劳动者双方主体地位在企业中的逐步确立，发生在雇佣双方之间的矛盾和冲突日渐突出，诸多雇佣关系问题在实践中不断凸显。这些问题不仅引起了企业自身和政府的关注，而且也引起中国学者对雇佣关系研究的兴趣。因此，自从上个世纪90年代以来，国内研究雇佣关系的学者逐年增加。正如有关学者指出那样，雇佣关系问题作为一个社会经济问题乃至学术问题，则是在上个世纪的90年代初才提出来的。(常凯，2004)

为了了解国内学者对于雇佣关系研究的现状，我们在研究中查阅了中国国家图书馆的书目和中国学术期刊网，发现近十几年来国内关于雇佣关系方面的研究可以分为三大类。

第一类是对于发达国家市场经济体制中雇佣关系、我国外资或民营企业中雇佣关系研究的介绍。例如，风笑天(2000)著的《私营企业劳资关系研究》对私营企业的劳资关系进行了较为详尽的研究。石美遐(1993)的《市场中的劳资关系：德、美的集体谈判》对德国和美国的集体谈判进行了介绍和比较。陈恕祥和杨培雷(1998)的《当代西方发达国家劳资关系研究》对于发达国家的劳资关系理论进行了介绍和分析。此外还有其他一些有关劳资关系的研究，如赵曙明等(1994)的《中国三资企业劳资关系的权利结构》、徐小洪(2004)的《冲突与协调：当代中国私营企业的劳资关系研究》、李敏(2003)的《雇佣双赢——私营企业雇佣冲突管理》等，对于中国的外资企业和私营企业的雇佣关系进行了调查研究。

第二类是对于中国的雇佣关系进行较为系统和全面的研究。这些学者主要有：常凯(1995)在《劳动关系·劳动者·劳权——当代中国的劳动问题》一书中首次系统地提出了雇佣关系理论并具体分析了中国现实的劳动问题，被学术界称为"中国系统研究劳动问题第一书"。常凯(2004)提出科学地研究中国劳动问题的方法是：研究中国的劳动问题，应以向市场经济过渡中雇佣关系的变化、现状和发展趋势的研究为基础和出发点，以劳动者在雇佣关系中的身份、地位、权利为重点，以劳权为核心内容和理论线索。认为中国向市场经济过渡中出现的社会劳动问题，就主体而言是劳动者问题，就实质而言是劳动者权利即劳权问题，从而从劳动者人权和劳动者尊严这一立场出发，提出并论证了劳权保障是劳动法律的本质特点,认为劳权保障应该是雇佣关系法律调整的最基本的要求,主张应以劳权本位为理论基础,重新构筑中国市场经济的劳动法学理论体系并完善雇佣关系调整机制。此外,常凯与国内十几位从事雇佣关系研究的学者共同编写《劳动关系学》一书,系统地介绍和阐述了雇佣关系的一般理论,专门研究了雇佣关系的当事人,具体包括雇佣关系中的劳动者、工会、雇主和雇主组织、政府,对于雇佣关系运行和协调进行了研究,并探讨了雇佣关系矛盾的处理,其内容包括劳资冲突和社会安全、劳动争议和处理、集体争议和产业行动、不当劳动行为救济。(常凯,2006)

郭庆松(1999)认为企业劳动管理的基本领域在于企业雇佣关系的冲突和企业雇佣关系的合作两个方面。企业雇佣关系的管理的研究主要涉及工人的罢工抵制、管理者的关闭工厂排工、工人参与管理、双方协议制度、集体谈判制度五个方面,另外还涉及企业劳动合同、企业集体合同和企业工会等内容。该学者还就中国国有企业和非国有企业雇佣关系及其管理的现状和特征、决定因素、面临的主要问题以及企业雇佣关系的管理框架及关键环节等进行了较为深入的探讨和研究。(郭庆松等,2007)

程延园(2007)认为雇佣关系是市场经济中极为重要的一个领域,劳动力市场越发展,雇佣关系问题越重要。程延园概括了西方国家雇佣关系的基本理论、学派、制度模式、理论观点与争论、价值判断以及实践模式,尤其是雇佣关系问题最尖锐时期的立法、政策和经验,总结了市场经济国家调整雇佣关系的基本制度和一般规律,并在分析我国雇佣关系现状的基础上,探索了雇佣关系的发展方向、制度和调整模式选择。该学者还提出了员工关系管理的内容、人力资源管理方法、人力资源专业人员的作用、员工关系管理应注意的问题;并提出加强人力资源管理是在中国经济趋于全球化和市场化雇佣关系调整的一种新型模式。

刘昕(2004)认为现代企业中的雇佣关系管理系统实际上包括人力资源哲学、人力资源管理系统、企业战略以及组织文化等在内的一个完整体系。该学者系统地研究了美国和日本企业员工关系管理体系的历史发展以及最新变化,并对中国企业的雇佣关系管理实践的发展和演变进行了阐述,并就经济全球化以及知识经济时代的中国企业员工关系管理体系建设问题提出了建议。刘昕从经济学出发,最后落脚到企业管理实践尤其是战略性人力资源管理的内容,无论对于从事劳动经济和人力资源管理研究的人来说,还是对于人力资源管理的实践者来说,都有重要的借鉴意义。

张一弛(2004)在Tsui等(2002)对雇佣关系的诱因—贡献的思路下,从扩展的激励—贡献模型看我国企业所有制对雇佣关系的影响,认为组织中心型的雇佣关系已经成为各种所有制形式的企业的雇佣关系的主导模式以及各种所有制形式的企业对经理人员的期望贡献在总体上不存在显著差别等。

第三类是就经济全球化与中国雇佣关系的调整进行的研究。董保华(2006)突破研究雇佣关系的传统视角,提出了雇佣关系调整的社会化和国际化的全新思路。认为雇佣关系的社会化是一个弹性的、渐进的过程,也是劳动法发展的必由之路。雇佣关系的国际化是中国在经济全球化的大潮中与国际劳工标准接轨的必然选择。因此,该学者着重立足于国际劳工标准,阐述其在不同层次上的发展趋势,剖析了强迫劳动、反歧视、自由结社等核心国际劳动标准对中国立法的影响,并提出企业与社会职能相分离的同时要与社会责任相结合的新观点。

此外,中国劳动关系学院黄河涛等学者(2005)从具体、现实的雇佣关系出发,从国外资本大量流入和农村劳动力向城市大量转移所引出的外资企业、私营企业的雇佣关系现状出发,从国有企业改制、产权改革与职工大量下岗、分流的现实出发,在分析中国雇佣关系重建必要性和迫切性的基础上,从政府职能、企业经营者、工会、经济产业政策、劳动立法、国际劳工标准与企业社会责任、伦理道德及社会文化心理等多位角度,探讨了雇佣关系的重建。

除了上述雇佣关系研究的论著和论文外,近年来也有一些博士和硕士的论文研究雇佣关系,大致研究的方向也与上述三类一致。总体来看,近十几年来,中国学者对于雇佣关系研究的热情和兴趣日益提高,研究的内容也不断深入。目前国内的研究已经超越仅仅了解西方发达国家雇佣关系的层面,有许多学者已经展开结合中国经济全球化进程中雇佣关系改革这一实践的探讨。但是由于国内在该领域的研究基础是比较薄弱的,发展也比较滞后。而随着经济全球化进程的不断深化,全球范围内雇佣关系发生了巨大转变,中国更是如此,关于雇佣关系问题的研究也在不断深化并向学科化发展,出现了基于各个产业雇佣关系之间的比较这一国际研究领域较为成熟的研究方法,以及探索经济全球化视角下的中国雇佣关系的实证研究。(赵曙明等,2007)

2.3　1949 年以前:旧中国的雇佣关系

中国是世界文明的发祥地之一,有将近 4 000 年有文字可考的历史。公元前 221 年,秦始皇结束了战国时的诸侯割据,建立中国历史上第一个中央集权的统一的多民族国家——秦王朝。之后,历史嬗变,朝代更替,经历了汉、魏、晋、南北朝、隋、唐、五代、宋、元、明、清等王朝,直到 1840 年鸦片战争为止,中国一直处于封建社会。

中国资本主义的萌芽起源何时,从历史遗留下来的许多典型厂矿的契约、文书中推论,可以追溯到公元 16 世纪 80 年代到 18 世纪 90 年代(吴承明,1981),即中国明朝的嘉靖、万历年间。在这以前,虽然也有个别的雇佣劳动从事商品生产的现象,但只能作为一种偶发的现象。截至鸦片战争前,资本主义萌芽也只是在手工业(并且主要是农民家庭手工业,如棉纺织手工业)中稀疏地存在,其发展程度难以进行数量估计。

1840 年鸦片战争爆发,工业革命成功的西方各国来到早就有了资本主义萌芽的中国,以其炮舰的威慑力迫使清政府接受了一系列不平等条约。条约中关税和设厂制造的规定给民族产业以沉重打击,劳工失业日增,劳工问题出现端倪。而到清朝末年,中国政治、经济制度的进一步破产使中国的无产阶级境遇每况愈下,在帝国主义、封建主义的桎梏中,雇佣问题已经超越经济范畴,成为民族矛盾的一个方面。因此,其最终也是唯一的出路就是暴力革命——诉诸武力,以政治手段加以解决,而这一运动的领导者是中国工人阶级的代表——中国共产党。

直至解放前,中国仍是工业落后的国家。旧中国政府在产业工人的英勇反抗下,曾经被迫制定了有关劳动法规。北洋军阀为缓和"二七"惨案后工人阶级的斗争情绪,于 1923 年 3 月公布了《暂行工厂通则》,在中国历史上首次规定了一些保护工人利益的条款,就雇佣年龄、工作时间与休息时间等制定了有关标准。但是这些标准的水平极低,而且实际上并没有付诸于实施。此外,北洋政府还颁发了一些劳动行政规章,就矿工待遇、煤矿爆炸等制定了一些劳动标准。

后来国民党政府统治中国大陆的 21 年间也颁布过一些劳动法律法规。夏积智(1991)总结如下:《工人运动决议案》就工作实践、保障童工女工、设置劳动保险等提出过一些劳动标准;《工厂法》就工作实践、童工女工保护、休息休假、工资、津贴等制定了有关劳动标准;《劳动争议处理暂行条例》就雇佣争议处理程序等作出了具体的规定;《团体协约法》、《劳动契约法》就集体合同、集体谈判和劳动合同有关问题作出了一些规定;《职工福利金条例》就职工福利有关问题作出了一些规定;此外,还制定了其他一些法规规章。但是,总的来看,这些劳动法律法规执行得都不好。

与此同时,中国共产党也直接领导当时的产业工人,积极开展为保障劳动者权益的运动,并且制定了一系列的劳动法律法规。1921 年 8 月,中国共产党诞生一个月后,成立了领导工人运动的公开机关——中国劳动组合书记部。1922 年 8 月,中国劳动组合书记部发出《关于开展劳动立法运动的通告》,领导开展了劳动立法运动,为产业工人争取起码的劳动法律权益而斗争。劳动组合书记部拟定了《劳动立法原则》,并据此拟定了《劳动法案大纲》,就有关劳动 19 个方面的问题作出了规定,明确提出了有关工作时间、休息时间、女工和未成年工保护、工资报酬等方面的劳动标准(北京政法学院民法教研室编,中华人民共和国劳动法资料汇编,1957)。而在当时的革命根据地,政权部门也发布了有关劳动法规,并在根据地内实行。例如《劳动保护法》就劳动时间、休息时间、工资、女工及未成年工、社会保险、劳动保护检查等内容作出了规定;《中华苏维埃共和国劳动法》就劳动领域 10 多个方面问题作出了法律规定;《陕甘宁边区劳动保护条例(草案)》,对工作时间、工资、女工青工保护等作出了法律规定;《关于中国职工运动当前任务的决议》详细提出了有关劳动立法的基本原则,并明确了解放区职工工资、青工、女工等人员的特殊保护标准。(夏积智,1991;劳动和社会保障部劳动工资研究所、中国劳动标准体系研究所,2003)这是旧中国条件下由革命政权代表人民意志制定的劳动法律法规,尽管这些劳动法律法规执行的时间不长,但是却具有重大的历史意义。

2.4   建国以后至 20 世纪 80 年代中后期:雇佣关系的消亡与再生

Sheila Oakley(2002)认为中国大规模的工业化是在新中国成立之后开始的,真正的工人阶级是在 20 世纪 50 年代末才出现。从建国到 20 世纪 80 年代初期,中国的雇佣关系具有自己的特点,并且不同于市场化的雇佣关系,尤其是在 20 世纪 50 年代后期的大跃进和 1966~1976 年的文化大革命时期。

在新中国成立到 1957 年的社会主义改造期间,雇佣关系依然存在,但是双方矛盾的解决不是通过谈判或其他斗争形式,而是由国家通过立法和行政干预的手段加以解决。社会主义改造基本完成之后,中国雇佣关系的性质有了根本的变化。企业为人民所有,企业与工人的利益是一致的,雇佣关系中的矛盾成了工人阶级的内部矛盾,根本利益的一致使得雇佣关系中问题的解决成为可能。

然而,文化大革命使中国雇佣关系的合理化进程推迟了20年。文革后,人们开始对传统计划经济体制进行了反思,对在过去的20年中遭到践踏的员工权益、被忽视的经济规律进行重新认识和肯定。改革开放以后,除了大中型国有企业外,各种不同经济成分的企业纷纷建立,如外资企业、合资企业、合作经营企业、乡镇企业、集体企业、私营企业、联营企业等,这些企业内部都出现了雇佣关系问题。

但是,由于在1978～1987年这段时期非公有制经济及其雇佣关系基本处于一种萌芽和形成状态,政府对此采取的是"看一看"的不干预政策。当时中国企业的雇佣关系最明显的特点是带有浓厚的行政化色彩:企业是政府的附庸,没有独立法人地位,企业没有独立的经营自主权,所以不可能成为用人主体与分配主体,雇佣工人或调整工资都直接受制于国家指令性计划的约束。因此,企业实际上是政府和工人之间的一个中介。职工进入企业成为国家职工、国家雇员,而不是企业职工,并且与企业的雇佣关系以"铁饭碗"为主要特征终身不变直至退休。工人的工资以等级和年龄为标准,员工晋升也是以年龄和政治因素为基础,企业负责员工的所有福利,包括住房、医疗和教育等一切方面。在选择职业时,职工以服从组织分配为原则;在劳动条件上,也完全按照国家有关规定办事,双方没有谈判的余地。因此,在计划经济体制下中国的雇佣关系实质上是国家与职工之间的行政关系。这种关系基于一种理想化的假设:工人不是商品,不能在生产过程中讨价还价,生产工具的社会所有排除了管理者和被管理者之间的冲突,工作场所的秩序是工人自由维持的,工人工作的动机来自工人本人的愿望。这种理想的雇佣关系的核心就是劳动力的统一分配,管理者和工人的利益是一致的,工人实际参与到管理工作中,拒绝物质刺激。(Sheila Oakley,2002)

2.5　20世纪80年代中后期至今:转型中的中国雇佣关系

改革开放以来,中国传统的雇佣关系发生了变化。从企业微观的角度考察,非公有制经济的迅猛发展、规模扩张、雇员人数增加等均说明企业内部的雇佣关系在量上得到强化和扩张。而从宏观的角度考察,近年来大量的国有企业改制,非公有经济迅速发展,户数增加、规模扩张,产值在整个国民经济中的比重上升,从而非公有制经济雇佣关系在整个多元化的社会雇佣关系体系中的比重正在不断上升、规模不断扩张、影响面和涉及面也不断增大。

尽管中国雇佣关系的类型呈现多样化的趋势,但是从长远发展来看,所有制对雇佣关系性质的影响将越来越弱,这些雇佣关系之间又具有一定趋同性。这是因为随着政府职能的转变,客观上要求对各类企业的管理在某种程度上要统一化,以便于各类企业在同一起跑线上参与市场竞争。同时,随着国有企业经营机制的转换和自主权的扩大,企业在管理权限、经营方式上都会与非国有企业趋于接近。例如在国企改制的过程中,其雇佣关系就表现出由原来的"计划"向"市场"转变。国有企业雇佣关系的市场化进程分为"双轨、并轨、单轨"三个阶段(程延园,2002):至2000年底,实行下岗与失业双轨并行;自2001年起到2003年底,实行并轨运行,取消下岗人员进入再就业中心,采用符合市场规律的失业方式承接新增的经济性裁员,直至全部人员出"中心";从2004年开始,全部下岗人员全部纳入失业保险,"企业人"变成"社会人",通过统一规范的市场机制配置劳动力资源,使国有企业雇佣关系由过去以政治利益为基础、行政控制为手段的运行方式,转变为以经济利益为基础的利益协调型方式。

在朝着市场化方向发展的同时,中国雇佣关系中的冲突也日趋明显。一方面,由于现代企业的发展有赖于资本并且强调经营管理,另一方面,从数量上看,中国的劳动力供过于求,尤其是近年来的产业结构调整进一步强化了劳动力供求双方力量不均衡的现象,从而使得劳动者在雇佣关系中处于弱势地位。企业及社会经济中的阶层分化和利益分化日趋明显,使得雇佣关系利益冲突日益加剧,双方之间的纠纷不断升级。下面将简要分析中国雇佣关系当前所面临的一些新问题,透视这些新现象、新问题,我们可以清楚地看到中国的雇佣关系已经成为无法回避和忽视的社会热点问题。

2.5.1　新时期中国劳动关系面临的问题

中国劳动关系的转型始于上世纪 80 年代的改革开放,是打破传统行政化的劳动关系建立市场契约式劳动关系的过程。事实上,过去 30 余年的中国劳动关系转型只是初步建立了适应市场交易规则的劳动关系,长期依赖不规范的、不完整的个别劳动关系解决程序去处理劳动关系问题,并未完成建立适应全球化市场及中国产业集群发展需要的劳动关系框架,转型过程仍在进行。由于集体劳动关系体系长期缺失,只能用个别劳动关系解决程序去应付劳动关系问题,在现实中出现了三方面的矛盾和问题:一是在以制造业为主的产业结构中,最有效的是集体劳动关系,这已被西方发达国家的经验证明是最有效的劳动关系解决程序。集体谈判机制在国家、区域及产业层面解决大批产业工人的劳动关系问题是最有利于节省成本和维护弱势劳动者群体权益的。由于我国集体劳动关系解决程序的缺失,使得企业劳动关系不和谐问题突出,劳动争议解决成本过高。二是对于核心员工或高层次的创新型人才而言,依赖个别劳动关系是适合的。但中国目前的个别劳动关系既缺少集体劳动关系的框架基础,又严重缺少弹性和灵活性,压抑了人才的创新激情,企业自主创新能力弱的难题长期得不到解决。三是在全球化冲击下,中国的新型雇佣方式快速发展,现有的劳动关系制度体系没有跟上实践发展的需要。《劳动合同法》对劳务派遣的详尽规定反映了这一问题的紧迫性。因此,中国下一步劳动关系的转型主要就是要解决好以上三个方面的问题。

2.5.2　新时期中国劳动关系转型的方式:嵌入式转型方式

劳动关系转型存在不同的方式选择。当劳动关系深层次的结构发生变革时,劳动关系就可以被认为是经历了变革,这种变革既可以是渐进式的,也可以是间断式的。从国家产业关系的渐进式和间断式转型的范围和决定因素看,包括人口统计学和政治学等内部因素,以及所说的经济全球化等外部环境因素,共同推动了这种转变。企业、工会及政府战略与结构的本质变化也象征着深层次的结构变化。当代中国的劳动关系也可视为是一种诱致性制度变迁的结果,因为伴随着改革开放过程所发生的劳动关系演变是在市场和环境压力下企业组织自动发生的变化,是市场力量自发作用于企业的结果,基本没有得到政府的强制性或引导性干预,公共政策是滞后的。

中国劳动关系下一步转型应选择嵌入式的方式。嵌入式转型既非纯粹的强制性制度变迁，也非纯粹的诱致性制度变迁，而是在先以诱致性制度变迁方式进行转型，待转型进行到一定阶段，将公共力量强制性注入到转轨过程中去。也就是说，政府部门、工会组织、法律部门等各方面的公共力量开始干预和影响转轨的方向、目标、方式及进程等。嵌入式转型方式是在中国企业劳动关系转型目标明确以后所选择的下一步转型的方式，是以前一阶段的转型方式及路径为基础，并且与之相互衔接、相互协调。嵌入式转型的优点是能够在转型进入到关键时期实行真正的互补策略二，即集体劳动关系框架与企业工作场所创新的优势互补，从而免去了先强制实行纯粹的集体谈判协商机制，而后再实行西方发达国家的互补策略一，使转型后期的路径更直接，减少弯路，后期成本降低。如果劳动关系转型目标、方式与路径选择正确，中国的后发优势就能发挥出来。在嵌入式转型方式中，所嵌入的公共政策体系能否引导劳动关系向预计的目标转变是至关重要的问题。另外，嵌入的条件、时机、方式、策略等都是值得深入研究的问题。嵌入过程的拖延将加剧下一步变革的成本上升，劳动关系体系中的难题会被进一步放大。就具体的变革过程而言，中国与发达国家会存在很多共同点，也存在巨大的差异，可以就嵌入的内容、目标、方式、时机、步骤等问题进行广泛的深层次研究和交流，共享信息与经验有利于减少失误。

2.5.3　公共政策的构建策略：保护企业柔性与劳权

新的竞争环境要求劳动关系不仅仅要实现传统集体劳动关系的产业和目标，多元化的雇佣关系需要全面提高企业劳动关系质量。公共政策似乎天然地缺少保护企业柔性的功能。学术界和企业界通常认为减少公共政策的干预就等同于给予企业柔性，扩大了的自主权使企业的组织创新和管理创新更为便利。中国劳动关系的转型及公共政策体系的构建要本着同时实现保障企业柔性与劳权的原则，以此提高企业劳动关系质量。这是中国在全球化的竞争中通过劳动关系体系获得比较优势的关键。如果公共政策新体系的设计能够在保护劳权的基础上，同时具有引导和鼓励企业提高柔性的功能，而不是简单的放任自流，那么，我们就能克服传统劳动关系公共政策的缺点，使劳动关系体系在各种产业及各种类型的市场竞争中都能够从这两方面保护企业竞争力。当代劳动关系对柔性有着更高的需求，不能有效保护企业柔性的公共政策是失效的，这是通过公共政策保障企业利益的关键。

从企业层面看，灵活的组织协调能力、与员工间良好的相互投资与情感承诺、灵活合理的晋升与离职机制、良好的劳动关系氛围等都是柔性的体现。从劳动者层面看，体面的薪酬、舒适的工作环境、充分的培训与开发机会、公平的组织环境、发言权与员工参与等都是劳权的体现。为解决公共政策与保护企业柔性这一矛盾，公共政策体系的构建要从两个层次着手：第一层次是法律和法规。维护劳权主要是法律体系的职能，该职能主要是通过划定权利与义务的界限来实现。通常主要是国家层面的劳动法规的职责。这也是传统的公共政策体系的优势，注重劳方和资方权益的维护及相应的劳动争议解决程序，在事前运用法规与政策去保障集体谈判机制的正常运行，在事后通过各种法律的及非法律程序解决所发生的劳动争议与冲突。在劳动关系发展史上，美国的罗斯福新政是从这一层面保护员工劳权的经典例子。各种法案分别从不同侧面保护员工的权利和利益，并且随着时代的变迁在逐步修改和完善各项法案。虽然上世纪80年代后，由于新型雇佣方式发展和演变的速度加快，各项法案未能跟得上新型雇佣方式发展，但通过法律法规来保护劳动者权益的策略仍然是有效的。因为如果仅依靠纯粹的市场机制，迄今为止，劳动者仍然不能在资本面前显示出优势地位，不能依靠自身的力量赢得谈判的主动权。这种天然的缺陷不仅仅会从运行机制上长期弱化劳动者的创新能力，同时也会削弱资本的增殖能力。第二层次是政策与措施。保护企业柔性则是新型公共政策体系中政策与措施的主要职责，主要通过引导和鼓励来发挥作用。同时，还应该具有一定程度的牵制作用，防止公共政策中的法律、政策体系对企业的过多硬性规定和约束，这是一种反制约机制。公共政策中的反制约机制设计的主要目的是有效防止第一层次法律法规在保护劳权过程中的制度僵化问题。因为面对法律法规，企业只能遵守，企业依靠自身的力量是无力抵抗的，必须通过公共政策来保护和修补。政策措施的设计是通过公共政策所认可的程序最大限度地使企业获得柔性，鼓励创新。这一层次是传统劳动关系公共政策最短缺的部分，也是公共政策的软肋，公共政策在保护灵活性或弹性问题上似乎总是处于无能为力的状态。

2.6　小结

本章对西方关于雇佣关系理论的研究进行综述，进而关注国内雇佣关系研究的进展，如果制度学派研究方法是可以参考的，我们会看到尽管存在着相似的外在经济压力，国家雇佣关系仍持续差异化的证据。因此，国家间异同的复杂程度显示，整合性研究方法或许能够提供一个较好的解释，用以说明经济全球化是如何影响各国的雇佣关系。但是从目前国内外这方面的研究和实践来看，均未形成成熟的理论架构和体系，需要各国学者在研究中进一步的探索。中国企业雇佣关系的发展有自己的历史，因此在面临着经济体制的转型以及全球化的双重挑战下，我们必须要理性地看待中国的雇佣关系，而不能盲目地解决其中的冲突问题，无论是盲从或者拒之门外都不可取。今天我们既不可能将中国的企业重新置于雇佣双方自由对立状态，让劳工依靠自己的力量促成雇佣双方的和谐；也不可能立刻做到向工业化市场经济国家那样，拥有完备而彻底的雇佣关系制度的策略和原则。因此，面对经济全球化的影响，如何制定积极有效的雇佣政策，促进雇佣关系的协调与稳定，从而促进社会和经济的和谐发展是摆在我们面前新的课题。

第三章 现阶段中国雇佣关系环境状况

3.1 中国劳动力市场

中国是世界上人口最多的发展中国家。根据国家统计局 2012 年统计数据,截至 2011 年 12 月 31 日中国总人口为 134 735 万人(不包括香港特别行政区、澳门特别行政区和台湾省),约占世界总人口的 19%。庞大的人口数量一直是中国国情最显著的特点之一。中国不仅人口众多,而且劳动年龄人口也非常多,截止 2011 年末,中国 15~64 岁的劳动年龄人口为 100 283 万人,占全国人口总数的 74.4%。2011 年末,中国的经济活动人口为 78 579 万人,占全部劳动年龄人口的 78.4%。中国的劳动参与率是世界上最高的国家之一,但是中国劳动力的受教育水平却仍远远低于世界平均水平,劳动力总体素质较低。2010 年末,全国就业人员受教育情况为:大专及以上教育程度的占 10.09%;高中教育水平的占 13.9%;初中教育水平的占 48.8%;小学教育水平的占 23.9%;小学以下教育水平的占 3.4%。[1] 就业人员受教育程度结构较之前有明显改善,但中高水平人才所占比重仍然偏低。就业人员中,技能型人才比重近年来亦有所提高,但总量仍显不足,特别是高级技能人才更为短缺。劳动力总体素质不能适应中国日益深化的产业结构调整和提升的需要。

由于上述原因,目前中国的就业矛盾十分突出,主要表现在:劳动力供求总量矛盾和就业结构性矛盾同时并存,城镇就业压力加大和农村富余劳动力向非农领域转移速度加快同时出现,新成长劳动力就业和失业人员再就业问题相互交织。2011 年末,全国就业人数为 80 970 万人,其中城镇就业人数为 35 914 万人,占 47%,乡村就业人数为 45 056 万人,占 53%。"十一五"期末,中国城镇化率达到 47.5%,"十二五"规划提出进一步提高城镇化率,力争在 2015 年末达到 51.5%。而与此同时,从城镇登记失业率看,它是一条前期稳步上升随后日益趋缓的曲线,1990 年为 2.5%,1995 年为 2.9%,2000 年为 3.1%,2006 年为 4.1%,并在随后的几年保持在 4.1%左右水平。截止 2011 年末,中国城镇登记失业人数为 922 万人,登记失业率为 4.1%[2]。而城镇调查失业率则在 8.05%左右[3]。在经济每年增长 7%~8%的情况下,全国每年新增就业岗位 700~800 万个,城镇每年约有 1 000 万以上的劳动力得不到工作岗位,中国将长期面临巨大的就业压力。由此可见,在当前日益市场化的雇佣关

---

① 《中国人口和就业年鉴 2011》。
② 《中国统计年鉴 2012》。
③ 《西南财大调研报告称:城镇失业率达 8.05%》,载海都网,2012 年 12 月 12 日,http://finance.jrj.com.cn/2012/12/12142014810974.shtml。

系格局中,劳动者处于相对弱势地位,而用人单位为实现利益的最大化往往倾向于运用其本身具有的资本、岗位资源和管理等优势来压制甚至侵犯劳动者的正当要求和合法权益,以至于近年来劳动者基本劳动权利得不到保障的情况时有发生,甚至有的劳动者为此付出生命的代价。这一点突出表现在近年来失业率不断上升,拖欠工资现象严重以及工伤事故频发等诸多方面。

此外,中国的劳动力市场的就业结构近年来的变化也较为明显。按三次产业分,1990～2011 年,第三产业从业人员所占比重稳步增长,由 18.5% 提高到 35.7%,从业人员达到 27 282 万人;第二产业从业人员所占比重从 21.9% 增长到 29.5%,从业人员达到 22 544 万人;第一产业从业人员所占比重有所下降,由 60.1% 下降到 34.8%,从业人员为 26 594 万人。从城乡就业结构看,1990～2011 年,乡村从业人员所占比例由 73.7% 下降到 53%。从不同经济成分就业结构看,1990～2010 年,国有单位从业人员所占比重从 73.6% 下降到 49.93%,2010 年末为 6 516.4 万人;集体单位从业人员所占比重从 25.5% 下降到 4.58%,为 597.5 万人;而其他单位[①]的从业人员比重从 0.3% 增加到 45.49%。[②] 近年来,非公有制经济在中国得到了迅猛的发展,与此同时,非全日制、临时性、季节性、钟点工、弹性工作等各种就业形式迅猛兴起,为中国的劳动力市场提供了丰富的就业渠道。

劳动力市场的完善和发展是中国经济持续稳定增长的重要基础。近年来,中国劳动力市场已经进入了一个新的关键阶段。首先,劳动力市场的供给发生变化。针对未来劳动力供求变化趋势,国内存在"劳动力短缺论"和"劳动力供大于求论"两种截然不同的观点。不管哪种观点正确,可以肯定的是,由于人口转变的快速完成,中国人口已经进入低生育、低死亡、低增长阶段。人口发展和劳动参与率变化趋势决定了后人口转变时期劳动年龄人口和劳动力供给必将发生明显变化,这种变化既表现为劳动力规模的变化,也体现在劳动力供给结构的变化。其次,农村劳动力转移进入一个新时代。中国的农村劳动力转移不仅受制于宏观经济发展形势,更面临着特殊的制度约束,这决定了农村劳动力转移呈现较强的波动性。但是,由于农村人口发展态势的变化、一系列惠农政策的实施和新农村建设的开展,农民工劳动力市场开始从"需求主导型"向"供给主导型"转变;同时,新生代农民工成为农村劳动力转移的主体,这个群体具有与老一代农民工不同的经济社会特征和行为,面临不同的经济环境与就业环境,其劳动供给行为将对农村劳动力转移和城市就业形势,乃至社会经济发展产生重大的影响。再次,就业形势更复杂。当前和未来中国就业形势不仅面临劳动力规模问题,而且面临劳动力结构的挑战,结构性失业问题将更突出;就业与经济增长的关系也日趋复杂;此外,国际经济将加深对中国就业形势的影响。最后,人力资本提升和效能发挥更显重要。在经历了 30 多年高速经济发展以后,中国经济面临着如何保持持续增长的重大问题。世界发达国家经济发展历程表明,人力资本是经济持续增长的关键因素,对正处于经济结构调整和经济发展模式转变的中国而言,这个关键因素无疑是未来经济增长的"推进器"。

---

① 包括股份合作单位、联营单位、有限责任公司、股份有限公司、港澳台投资单位以及外商投资单位等其他登记注册类型单位。

② 《中国统计年鉴 2012》。

3.2 经济环境

自改革开放以来,中国经济一直持续保持着较高的增长,2011 年 GDP 总量达到 47 万亿元,经济总量排名稳居世界第 2 位;外贸进出口总量增加到 36 418.6 亿美元,居世界第 2 位。30 多年经济奇迹般的高速增长极大地改变了中国落后的面貌,同时也令世界为之瞩目。然而,GDP 的持续高速增长以及 GDP 世界排名的不断上升并不能代表中国已跻身发达国家行列,中国的人均 GDP 仍然很低。2011 年,中国人均 GDP 达 5 432 美元,虽较前几年有稳步提升,但仍然处于下中等收入国家行列。此外,中国农村还有近 1 亿的贫困人口,城市还有 2 000 多万人口需要政府给予最低保障补贴。城乡加起来,全国还有 1.2 亿生活困难人口。从这些情况来看,在一个较长的时期内,中国仍然需要经济增长。①

在一国工业化起飞及工业化的初中期阶段,高增长一般会带来高就业。但是在中国,仅在改革开放的前 10 年即 20 世纪 80 年代出现这一现象,此后便开始走下坡路。正如中国学者胡鞍钢指出,大多数人认为 20 世纪 80 年代为高增长就业模式,90 年代起为高增长低就业模式。② 中国经济的增长在很大程度上依赖外资、对外贸易以及行政力量的推动,从而就业弹性③会随着资本的深化④而下降,蕴藏在中国农村巨大的剩余劳动力无法得到消化,而大量剩余劳动力之间的超常竞争又使工资增长率长期远低于生产率的增长。中国劳动力的工资成本目前相当于发达国家的 1/50～1/30,相当于亚洲新兴国家和地区的 1/10～1/20。可以这么说,中国拥有几乎无限供给的具有一定文化素质的廉价劳动力,以及数量众多、不断增加的、受过高等教育且同样相对廉价的高素质劳动力。尽管今后中国劳动力成本与发达国家的差距会有所缩小,但将在 20 年中仍然保持廉价的比较优势,也正是这些大规模、质高价廉的劳动力、日趋良好的基础设施、庞大的市场容量和政府鼓励等要素所形成的综合优势已在相当长时期并将继续吸引外商投资中国,推动中国经济长期高速增长。

2013 年,来自国家统计局的国民经济运行数据表明,诸多宏观经济数据显示经济正在温和复苏:1 月份出口增速创 21 个月来新高,剔除春节因素影响,进口增速超过 8%,新增贷款突破万亿元大关,工业生产者出厂价格(PPI)环比由跌转升,消费亦有快速增长。国家统计局公布的《2012 年统计公报》显示,2011 年我国国内生产总值达到 519 322 亿元,增速同比有所回落,但仍明显快于世界主要国家和地区。今年 1 月份的主要宏观经济数据则进一

---

① 《我国人均 GDP 世界排名 100 位,总量大仅代表速度》,载《瞭望新闻周刊》,2006 年 2 月 10 日,新华网,http://www.sina.com.cn。

② 胡鞍钢:《宏观经济政策与促进就业》,载《经济增长与就业增长》,中国劳动力网,www.lm.gov.cn。

③ 就业弹性是经济增长每变化一个百分点所对应的就业数量变化的百分比。就业弹性的变化决定于经济结构和劳动力成本等因素。一定数量的劳动力就业所需要的资本投入和劳动力成本构成就业的单位成本。如果经济结构中小企业、服务业等劳动密集型经济所占比例较大,资本比例较低,就业成本相对就低,就业弹性就高。在经济增长速度相对稳定的前提下,保持较高就业弹性对于就业和再就业增长更具现实意义。

④ 资本深化(capital deepening),指在经济增长过程中,资本积累快于劳动力增加的速度,从而资本—劳动比率或人均资本量在提高。资本深化一般意味着经济增长中存在着技术进步。

步延续了去年末以来经济回暖的态势。

近年来,中国经济发展所面临的国内外环境都发生了重大变化,一方面,世界经济由危机前的快速发展期进入深度转型调整期,国际经济形势错综复杂、充满变数;另一方面,中国经济进入潜在经济增长率下移的新阶段,"现在看来,经济回升态势基本确立,经济增速将继续反弹"。中国经济开始由高增长转入平稳增长时期,需要充分利用经济降温、市场竞争压力加大的机遇,加快推动经济转型升级,推进经济发展方式转变,特别是要根据社会生产力发展的新要求,积极推进相关改革,及时解决体制机制方面的问题。

自 2012 年四季度以来,中国经济的回升,实际上包含着一个增长区间的改变,原来稳定在 10%左右的区间,现在是 7%~8%,"此次回升不会像市场期望那样,突破 8%或 9%"。如今,市场条件已经变化,供不应求变为供大于求,订单的约束开始增强,产能过剩的问题比较突出,整个企业的发展能力下降。同时,劳动力、土地、资金等生产要素价格持续上涨,企业生产成本大幅提高,企业粗放式发展受到了一定约束,导致经济从过去高增长阶段开始转入到中速增长阶段。在结束经济增速下行趋势的同时,结构优化方面亦有新的表现。

从拉动中国经济的"三驾马车"观察,消费发挥的作用进一步增强,来自国家统计局的数据显示,2012 年我国消费实际增速为 12%,比 2011 年高 0.4 个百分点,成为三驾马车中唯一加速的动力。全年最终消费对经济增长的贡献率为 51.8%,资本形成对经济增长的贡献率为 50.4%,消费成为经济增长的第一动力。就产业结构而言,二、三产业间比例关系进一步改善。国家统计局的公报显示,2012 年我国第二产业增加值占 GDP 比重为 45.3%,第三产业增加值比重为 44.6%。二者相差 0.7 个百分点,较 2011 年大幅收窄了 3 个百分点。

此外,国际收支长期失衡局面得到明显改善,来自中国人民银行发布的报告显示,截至 2012 年底,中国经常项目顺差占 GDP 比值降至 2.6%,是近八年来最低水平,国际上将 4%以内视为国际收支平衡的重要指标,在此之前的 2005 年,中国这一数据越过 4%标准线,达 5.9%,2007 年一度超过 10%。

尽管中国经济持续地高速增长,中国人民的整体福利因此得到了增加,但是社会不同阶层福利改善的程度相差很大,中国贫富分化的状况日益严重。据中国人民银行公布的数据,在中国的全部居民储蓄存款中,最富有的 20%人口拥有全部存款量的 80%,而其余 80%的人口才拥有存款的 20%。而且这一差距仍在扩大,贫富差距日益突出,收入分配问题亟待解决。仅从一般居民的人均收入来看,收入差距相隔近两倍。据国家统计局公布的数据,2011 年中国城镇居民人口比例已达到 51.72%,人均可支配收入为 21 809.8 元,而人口将近一半、总数约 6.6 亿的农村居民家庭人均纯收入仅为 6 977.3 元。[①] 1986 年中国的基尼系数还是 0.29,而在 2012 年据中国官方公布的数据为 0.474,民间组织则认为这一数据显然被低估,中国收入分配差距还在呈继续扩大的趋势。城乡收入差距和贫富的悬殊也引起了中国政府的高度重视。2012 年 11 月,党的十八大报告提出,要千方百计增加居民收入,深化收入分配制度改革,实现发展成果由人民共享。在未来的年度中,政府力图通过诸如完善社会保障体系、降低农业税、提高个人所得税征收标准等众多措施来缓解这一问题。

---

① 《中国统计年鉴 2012》。

3.3　政治法律制度

中国共产党成立于 1921 年,1949 年 10 月 1 日中华人民共和国成立,确立《宪法》为国家的根本大法,中国共产党是中国唯一的执政党。中国共产党在中国政府和社会的各个层级和领域都建立有正式(即通过党内选举方式建立的)或非正式(即通过上级党组织任命)的组织,目前大约有 6 635.5 万党员,350 万个基层组织。党的中央领导机关是党的全国代表大会和它所产生的中央委员会,中央委员会向党的全国代表大会负责并报告工作。党的中央委员会的领导机构是由中央委员会全体会议选举出的中央政治局、中央政治局常务委员会和中央委员会总书记。

根据《宪法》的规定,中国是工人阶级领导的、以工农联盟为基础的人民民主专政国家,人民代表大会制度则是政权组织形式,是中国的根本政治制度。全国人民代表大会由省、自治区、直辖市和军队选出的代表组成,每届任期五年,它是国家最高权力机关,地方各级人民代表大会是地方国家权力机关。国家行政机关、审判机关、检察机关都由人民代表大会产生,并对它负责,受它监督。全国人民代表大会常务委员会是全国人民代表大会的常设机关,在全国人大闭会期间,行使最高国家权力,对全国人民代表大会负责并报告工作。国家最高权力机关的执行机关是国务院,即中央人民政府,它是最高国家行政机关。国务院统一领导全国地方各级国家行政机关的工作,规定中央和省、自治区、直辖市的国家行政机关的职权的具体划分。新中国成立以来,党和政府为建立和完善结构合理、人员精干、灵活高效的党政机关进行了坚持不懈的努力,分别在 1982 年、1988 年、1993 年、1998 年和 2003 年进行了五次规模较大的政府机构改革。2008 年 3 月 11 日第六次"大部制"改革拉开帷幕,国务院将新组建工业和信息化部、交通运输部、人力资源和社会保障部、环境保护部、住房和城乡建设部。其中人力资源和社会保障部是由原劳动和社会保障部、原人事部合并而来的。其职责为统筹拟订人力资源管理和社会保障政策,健全公共就业服务体系,完善劳动收入分配制度,组织实施劳动监察等,并在雇佣关系的三方协调机制中扮演政府的代言人角色。

我国政治发展面临的新情况有:人民政治参与的热情被唤醒,社会利益结构的深刻变化在客观上激发了人们对于自身利益的关注,广大人民比以往历史上任何时期都更加关注自身政治利益的实现。在从计划经济向市场经济的过渡过程中,中国社会经济关系中雇佣关系发生了最普遍和最直接的变化。市场经济是一种法制经济,因此雇佣关系的市场化同样也要求其法制化。1994 年 7 月,《中华人民共和国劳动法》(以下简称《劳动法》)的出台是中国雇佣关系法制建设上的一个里程碑。这一法律确定了劳动立法和劳动体制改革的市场化方向,把劳动者作为一个独立的社会利益主体和法律关系主体来对待,明确了保障劳动者权益的立法主旨,并提供了以劳动者权利保障为中心的法律体系框架。为了促进雇佣关系环境的和谐发展,2007 年 6 月又出台了《中华人民共和国劳动合同法》(以下简称《劳动合同法》),这是继 1994 年《劳动法》以来中国雇佣关系领域的又一部重大立法。《劳动合同法》第一条开宗明义地指出该法的立法目的是"为了完善劳动合同制定,明确劳动合同双方当事人的权利和义务,保护劳动者的合法权益,构建和发展和谐稳定的雇佣关系"。在这样的政治和法律环境下，中国的雇佣关系正朝着和谐稳定的方向迈进。

3.4　小结

　　中国企业雇佣关系有自己的国情，在面临着当今经济体制的转型以及全球化的挑战下，我们需要客观看待中国现阶段雇佣关系状况。在详尽了解目前中国劳动力市场状况及中国当今经济环境、政治及法律环境的前提下，制定相适应的雇佣政策，使得现阶段雇佣关系和谐发展，从而带动经济的发展并促进社会稳定和发展。

第四章　现阶段中国雇佣关系中的新问题

4.1　经济全球化带来雇佣关系主体和雇佣规则的国际化

2001 年 11 月 20 日,中国正式加入了世界贸易组织,真正介入了经济全球化的过程。加入 WTO 是中国迈向经济市场化和全球化的重要步骤,它通过进出口关税的降低、非关税贸易壁垒的拆除,投资和贸易政策自由化,实行国民待遇,以促进国内市场的进一步开放。中国加入 WTO,进一步刺激了国际资本在华投资的扩张,目前全球 500 强中,已有一半以上企业在中国设立了企业或机构。跨国公司比例的上升,直接促进了中国雇佣关系的国际化,使其人力资源政策、雇佣关系政策对国内的示范效应更加明显。因此,经济全球化的背景要求中国雇佣关系的运作符合国际通行的规则和公认的国际劳工标准及惯例,从而使雇佣关系趋于国际化。

4.2　经济全球化带来雇佣问题和雇佣矛盾的国际化

在对外贸易上,中国不断遭遇发达国家在劳动标准方面设置的壁垒。中国加入 WTO后,与国际核心劳动基准的联系越来越紧密。中国在国际贸易中的主要产品是劳动密集型产品,竞争优势是价格低廉的劳动力。一些发达国家往往借口中国劳动法规与国际核心劳动标准中的"社会条款"不符,拒绝中国产品进入其国内市场,从而间接把中国劳动力排挤出国际市场。

例如 2004 年西班牙和意大利对中国鞋业贸易的抵制,尤其是西班牙的"欧洲第一鞋城"埃尔切的数百名当地鞋厂失业工人公然纵火焚烧价值 800 多万元的温州鞋这一被国际社会称为"西班牙有史以来最严重的针对华商事件",在某种程度上对中国雇佣关系带来了潜在的影响。再例如《华盛顿邮报》(Anne Applebaum,2004)所报道,世界名牌 Levis 牛仔裤由于使用了中国监狱犯人从事生产,引发美国消费者的强烈抵制。为了平息公众舆论并挽回品牌声誉,Levis 公司迅速发表了一份题为"关于选择国家和商业合作伙伴的承诺与方针"的生产守则,随后一些大型零售业跨国公司也争相效仿,制定出自己的生产守则要求供应商执行。目前,国际社会对中国劳工问题日渐关注,西方国家的非政府组织、工会组织、学生组织批评跨国公司在中国的加工企业是"血汗工厂"的典型。这些组织与消费者运动、国际劳工运动和女权运动等结合起来,开始以企业社会责任 CSR(corporate social responsibility)为诉求,在中国沿海外资企业中逐步推动劳工保护。在它们的压力下,跨国公司开始要求其供应商也接受有关劳工标准和 CSR 的审查,本文第一章所提到的"SA8000 的'查厂'活动"

正是在这个背景下推出的。

当然,这种行动与跨国公司的外部竞争环境发生变化密切相关,在传统的成本、质量、供货期等竞争手段的效能逐渐降低的情况下,环保、安全、商业伦理、社会责任开始成为公司之间应付激烈竞争的新尺度。这种趋势对中国雇佣关系的影响还会继续加深,如何正确认识和引导雇佣双方正确看待这个问题,及早制定应对策略,需要我们认真对待和考虑。

4.3　产业结构调整带来雇佣关系的单极化

加入WTO之后,大批外资进驻中国,一方面,促进了中国雇佣关系的市场化和国际化,创造了更多的就业机会,但是从另一方面来讲,也加剧了中国的雇佣关系问题,尤其是就业问题。劳动力市场的供求状况是雇佣关系双方力量抗衡的重要经济基础。程延园(2002)认为,从数量上看,中国的劳动力供过于求,而外资的进入在带来新的就业机会的同时,对国内的企业也造成了很大的冲击,并带来产业结构的剧烈调整和资源的重新配置,企业破产、兼并、合并、联合、转让经常发生,从而带来雇佣关系的剧烈变动和冲突,尤其是国有企业改革中的下岗职工基本生活保障制度向失业并轨,大批下岗职工面临解除合同并走出再就业中心,使得就业和雇佣关系问题将会更加突出和复杂。这些问题进一步强化了雇佣双方力量不均衡的状况,使得劳动者在雇佣关系中处于弱势地位,雇佣关系从而呈现单级化的态势:投资经营者享有完全决策和高度自主权,处于强者地位,员工则处于从属、被支配的弱者地位,对企业的知情权和参与权极为有限;在收入分配方面具有按资分配的特点,普遍存在着投资者对利润的独占和员工相对收入偏低的矛盾;劳动合同短期化现象日益明显。

4.4　雇佣关系呈现冲突易激化、社会化趋势

雇佣关系力量对比的失衡,使得企业内部难以形成适应市场化需求的雇佣关系协调机制和方式,从而使得雇佣关系日益朝着不利于劳动力供给方的方向发展,导致冲突容易激化。例如非公有企业组建工会受到经营者的阻挠和抵制。管理层通过提高核心员工的工资和福利淡化其加入工会的愿望,同时通过大量的雇佣外包或者短期工的方式使得员工流动频繁而不易被组织到工会中来。而现有的工会活动模式也难于适应员工利益多元化的需要,它在相当程度上仍然还依附于管理方,难以发挥制衡作用,在集体协商中的地位偏低。

此外,还有一部分障碍来自于政府。在某些情况下,发展中国家为了刺激经济增长,提高就业水平,增加国民收入,最终实现本国的全面发展,要努力吸引跨国公司来投资建厂。正因中国国民经济对国外市场需求和外向型经济依存度很高,一些地方政府为了吸引外资,除了提供低廉的劳动力价格外,还严密地控制劳工成本和雇佣关系,限制工会维权作用的发挥,甚至是放任企业违法用工,这突出表现在沿海的出口加工企业中农民工权益普遍受到侵害,致使雇佣关系动荡不安,同时也损害了经济增长的内在质量。从某种程度上说,政府的这种行为使工会在跨国公司中维护自身权益变得更加艰难。

雇佣关系主体之间的冲突由于力量对比的失衡造成容易激化,而现有的一裁两审体制

难以及时有效地解决冲突,从而使得这种对立呈现社会化的趋势。雇佣争议的数量大幅上升,纠纷日益复杂,涉及人数剧增,处理难度不断加大。国有企业的改制使得下岗人员总量进一步增加,而在国企的经营机制转换中,部分在岗人员的权益也会受到影响,造成集体上访和突发事件增多。而在外资企业和民营企业,资方在薪资报酬、生产条件、劳动实践和管理等方面侵害员工权益的现象也有增无减。现有的仲裁体制与国际管理不接轨的问题也得到进一步凸显,大量争议不能及时化解导致了冲突的社会化。

4.5　当前中国雇佣争议的特点

在过去的十几年中,随着中国市场经济体制逐步确立和完善,国内雇佣关系发生了根本变化,冲突日益明显,雇佣争议也由此发生了巨大的改变,并呈现出如下特点。

4.5.1　雇佣争议案件数持续高位,社会不稳定因素大幅增加

1994 年,全国各级劳动争议仲裁委员会共受理雇佣争议案件 19 098 起,涉及劳动者人数 77 794 人,而到 2007 年受理案件数已增加到 350 182 起,涉及人数达 653 472 人,分别是1994 年的 18.34 倍和 8.4 倍。而随后的 2008 年,由于《劳动合同法》等相关法律法规的正式颁布实施,雇佣争议案件和涉及人数均出现了爆发式增长,案件总数猛增到 693 465 起,涉及人数高达 1 214 328 人,同 2007 年情况相比较,分别增长了 98.03% 和 85.83%,达到历史最高点。虽然随后全国雇佣争议案件和涉及人数总体呈下降趋势,但相较之 1994 年水平,17 年间雇佣争议案件平均年增长率达 24.05%,涉及人数平均年增长率 15.82%。(见表 4-1)

表 4-1　1994～2010 全国雇佣争议案件总体增长情况

年度	案件总数	年增长百分比	涉及人数	年增长百分比
1994	19 098	—	77 794	—
1995	33 030	72.95%	122 512	57.48%
1996	48 121	45.69%	189 120	54.37%
1997	71 524	48.63%	221 115	16.92%
1998	93 649	30.93%	358 531	62.15%
1999	120 191	28.34%	473 957	32.19%
2000	135 206	12.49%	422 617	−10.83%
2001	155 000	14.64%	556 230	31.62%
2002	184 116	18.78%	608 396	9.38%
2003	226 391	22.96%	801 042	31.66%
2004	260 471	15.05%	764 981	−4.50%
2005	313 773	20.46%	744 195	−2.72%
2006	317 162	1.08%	679 312	−8.72%

（续表）

年度	案件总数	年增长百分比	涉及人数	年增长百分比
2007	350 182	10.41%	653 472	−3.80%
2008	693 465	98.03%	1 214 328	85.83%
2009	684 379	−1.31%	1 016 922	−16.26%
2010	600 865	−12.20%	815 121	−19.84%

数据来源:1995~2011年《中国劳动统计年鉴》。

　　上述数字只是依照法律途径解决雇佣争议的统计,由于经法律途径处理争议耗时过长,还有大量雇佣争议劳动者选择信访(Letters and Visits)或其他非正常手段解决,造成社会的极端不稳定。据国务院信访局(State Bureau of Letters and Calls)的统计,2003年信访案件数量剧增,其中雇佣关系矛盾引发的信访案件占第一位①。

4.5.2　雇佣争议主要以集体争议为主

　　在1994~2010年,集体争议案件的平均年增长率达到12.17%,集体争议人数年均增长9.09%。2008年后,随着新《劳动合同法》等法律法规的颁布实施,全国集体争议案件数量及人数总体呈下降趋势,但是集体争议案件涉及人数多,几乎每一年度的集体争议涉及的人数均占当年雇佣争议总人数的一半以上(见表4-2)。随着雇佣纠纷从隐蔽到显露,雇佣争议的对抗性逐步增强,影响面广,当事人情绪容易激化,处理难度大,稍有不慎,就会导致罢工、静坐、围堵交通、集体上访等严重扰乱社会秩序的突发事件,甚至演变为刑事案件。例如近年北京地区发生的仟村百货、老福爷百货倒闭案,惠而浦、天桥商场终止合同案等争议案件,员工都采取集体上访、静坐或围堵政府等极端手段,给正常的生产工作秩序和社会稳定造成了较大影响。

表4-2　1994~2010全国集体争议案件数量及人数统计

年度	集体争议案件数量	集体争议案件增长率	集体争议人数(A)	雇佣争议总人数(B)	A/B
1994	1 482	—	52 637	77 794	67.66%
1995	2 588	74.63%	77 340	122 512	63.13%
1996	3 150	21.72%	92 203	189 120	48.75%
1997	4 109	30.44%	132 647	221 115	59.99%
1998	6 767	64.69%	251 268	358 531	70.08%
1999	9 043	33.63%	319 241	473 957	67.36%
2000	8 247	−8.80%	259 445	422 617	61.39%

①　姜颖:《〈集体合同法〉立法的障碍及工会的应对》,载北京市劳动法学和社会保障法学研究会网站,http://www.ldbzfx.org/lunwen/t10.htm。

（续表）

年度	集体争议 案件数量	集体争议 案件增长率	集体争议 人数（A）	雇佣争议 总人数（B）	A/B
2001	9 847	19.40%	286 680	556 230	51.54%
2002	11 024	11.95%	374 956	608 396	61.63%
2003	10 823	−1.82%	514 573	801 042	64.24%
2004	19 241	77.78%	477 992	764 981	62.48%
2005	16 217	−15.72%	409 819	744 195	55.07%
2006	13 977	−13.81%	348 714	679 312	51.33%
2007	12 784	−8.54%	271 777	653 472	41.59%
2008	21 880	71.15%	502 713	1 214 328	41.40%
2009	13 779	−37.02%	299 601	1 016 922	29.46%
2010	9 314	−32.40%	211 755	815 121	25.98%

数据来源：1995～2011 年《中国劳动统计年鉴》。

4.5.3 劳动报酬和保险福利待遇成为雇佣争议的主要原因

因为劳动报酬和保险福利争议涉及劳动者的基本生存权利，近年来这一方面的争议占到雇佣争议总数的一半以上。例如 2006 年受理案件数已增加到 317 162 起，其中劳动报酬的争议有 103 887，社会保险争议有 100 342，变更、解除和终止劳动合同的争议 71 324 件。

虽然随着经济发展水平的提高，和最低工资标准的不断上升，职工平均工资水平不断上升，但是职工平均工资水平的增长并没有降低劳动争议的数量，反而使劳动争议数量随之上升。这说明职工工资没有形成正常的增长机制，即随着经济增长，劳动者的收入没有得到相应的增长。因此，要解决劳动争议问题，必须从根本上提高我国劳动力价值的实现程度。为此，要提高劳动报酬在初次分配中的比重，着力提高低收入者收入，逐步提高最低工资标准，进而建立企业职工工资正常增长机制和支付保障机制。[①]

4.5.4 雇佣争议中劳动者胜诉的比例大

从雇佣争议的处理结果来看，有超过 1/3 的案件是劳动者获得了胜诉；双方部分胜诉的比例在不断增大，从 1996 年的 28.78% 增加到了 2010 年的 50.40%；用人单位胜诉的比例呈现下降趋势，从 1996 年的 20.31% 总体下降到 2010 年的 13.41%。

2008 年，由于新《劳动合同法》等相关法律法规的颁布实施，用人单位胜诉的案件和劳动者胜诉的案件均在 2008 年呈现了大幅度增长，但相比之下，用人单位胜诉的案件远少于劳动者胜诉的案件，这说明在我国劳动争议的主要责任方是雇主。同时，劳动者胜诉率在

---

① 于米、佟安琪：《工会化程度、劳动争议与经济增长——基于 2000～2008 年的面板数据》，载《经济问题》，2012 年第 1 期，第 17～20 页。

2008 年成倍提高,表明在新《劳动合同法》颁布之后,以往侵犯劳动者权益的劳动争议案件激增,而在 2009 年各项规定步入正轨之后有所下降,说明侵犯劳动者权益的劳动争议有所减少。[①]

表 4-3　1996~2010 全国雇佣争议处理结果统计

年份	雇佣争议处理结果					
	用人单位胜诉	所占比例	劳动者胜诉	所占比例	双方部分胜诉	所占比例
1996	9 452	20.31%	23 696	50.91%	13 395	28.78%
1997	11 488	16.23%	40 063	56.59%	19 241	27.18%
1998	11 937	13.57%	48 650	55.31%	27 365	31.11%
1999	15 674	13.49%	63 030	54.26%	37 459	32.25%
2000	13 699	11.28%	70 544	58.07%	37 247	30.66%
2001	31 544	20.99%	71 739	47.74%	46 996	31.27%
2002	27 017	15.11%	84 432	47.24%	67 295	37.65%
2003	34 272	15.35%	109 556	49.06%	79 475	35.59%
2004	35 679	14.10%	123 268	48.72%	94 041	37.17%
2005	39 401	12.88%	145 352	47.50%	121 274	39.63%
2006	39 251	12.63%	146 028	46.99%	125 501	40.38%
2007	49 211	14.47%	156 955	46.16%	133 864	39.37%
2008	80 462	12.92%	276 793	44.45%	265 464	42.63%
2009	95 470	13.84%	255 119	36.99%	339 125	49.17%
2010	85 028	13.41%	229 448	36.19%	319 565	50.40%

数据来源:1997~2011 年《中国劳动统计年鉴》。

通过上述雇佣争议特点的描述,可以看出中国的雇佣关系冲突问题早已显现,而且雇佣争议正以 24.05% 的平均年增长率增长,因而这一问题已经不容忽视。当前,雇佣争议案件呈现出以下一些新特点。

一是新类型劳动争议纠纷不断出现。主要有:劳动者起诉要求与改制单位签订无固定期限劳动合同、劳动者要求改制单位增加解除合同补偿金、劳动者要求用人单位办理社会保险、用人单位要求确认与他人无劳动关系等案件。

二是群体性劳动争议纠纷不断增多。受国际经济衰退的影响,我国小微企业倒闭渐多,再加之国有大中型企业裁员、转岗,劳动争议集团诉讼增加迅猛。

三是劳动者的诉求由单一化向多元化发展。较多案件涉及劳动者的多项诉求,如劳动者要求办理退休手续案件中同时附有要求用人单位补发工资、补缴社会保险和办理医保等。

---

　　① 于米、佟安琪:《工会化程度、劳动争议与经济增长——基于 2000~2008 年的面板数据》,载《经济问题》,2012 年第 1 期,第 17~20 页。

劳动者要求撤销用人单位违法除名决定的同时,还要求用人单位安排工作、补发工资等。诉求的多元化导致案件审理工作量增加和审判周期延长。

四是案件审理难度增大。多数案件矛盾尖锐,历时较长,法院审理中存在查证认证难、法律适用难和调解难等问题,其处理结果往往对辖区内其他职工具有一定的示范效应,稍有不慎和处理不当极易引发涉诉上访和群众性事件,对社会稳定产生消极影响。①

4.6　结　论

中国企业雇佣关系的发展有自己的历史,有自己的国情,因此在面临经济体制的转型以及全球化的双重挑战下,我们必须要理性地看待中国的雇佣关系,而不能盲目地解决其中的冲突问题,无论是盲从或者拒之门外都不可取。我们今天既不可能将中国的企业重新置于雇佣双方自由对立状态,让劳工依靠自己的力量促成雇佣双方的和谐;也不可能立刻做到像工业化市场经济国家那样,有完备而彻底的雇佣关系制度的策略和原则。随着我国经济发展水平、劳动力教育水平和劳动报酬的不断提高,法治的更加健全以及产业结构的升级优化,尤其是工会化程度的提升,在未来一定时期内,劳动争议的数量可能会进一步增加。因此,面对经济全球化的影响,如何制定积极有效的雇佣政策,促进雇佣关系的协调与稳定,从而促进社会和经济的和谐发展是摆在我们面前新的课题。

---

① 王飞:《当前劳动纠纷新特点及化解路径》,载《江苏经济报》,2012 年 9 月 5 日。

第五章 中国汽车合资企业雇佣关系主体及其作用过程

随着经济全球化进程的日益深化以及中国经济体制的不断改革,中国雇佣关系开始出现复杂的局面。为了建立一个合理、有效的雇佣关系运行模式,中国开始探索建立既借鉴市场经济国家成功经验,又结合中国国情并具有中国特色的协调雇佣关系的三方机制[①]。借鉴国际劳工组织和有关国家三方机制建设的经验,2001年8月3日,国家劳动关系三方协调会成立暨第一次会议在北京召开,标志着由中国劳动和社会保障部、中华全国总工会和中国企业联合会/中国企业家协会组成的国家级劳动关系三方(政府、企业、职工)协商机制的正式建立,以协商的形式解决劳动关系中存在的各种问题。目前全国省级和市级的三方机制已经基本建立,三方机制正逐步向县(市、区)和产业级延伸,全国将建立多层次的社会层面的三方协调机制,与劳动合同制度、集体合同制度一起构成了稳定、协调和规范雇佣关系的机制。本章将分析中国汽车合资企业雇佣关系中三方主体分别扮演的角色和作用,并且对各个主体间的作用过程进行分析。

5.1 工会概况

尽管不同地区和产业乃至不同企业和组织都设有自己的工会,但是它们都是隶属于由中华全国总工会统一领导的分支机构,汽车合资企业也不例外。所以,从某种意义上来说,中国实际上只有一个工会。因此,当我们要考察不同地区、不同企业的汽车工会时,首先就要追溯中华全国总工会的发展历程。

中国的工会运动是随着中国近代历史的开始而产生和发展的。1925年5月1日,中华全国总工会及其所属工会成立,至今已有81年的历史。在中国共产党的领导下,中国工会带领中国广大的产业工人开展工会运动,历经了磨难。直到1949年中华人民共和国成立之后,中国工会才由地下的、非法的组织成为公开的、合法的工人阶级最广泛的组织。

建国后,工人阶级不仅仅是劳动者,而且还成为国家的主人以及企业的所有者,地位大大提升,因而工会的工作重点也发生了转变。1950年6月,中央人民政府颁布了新中国的第一部工会法——《中华人民共和国工会法》(以下简称《工会法》),明确了工会在新政权下的法律地位和职责,之后又相继出台有关工会的法律、法规,使工会组织得以快速发展。此

[①] 根据国际劳工组织1976年144号《三方协商促进国际劳工标准公约》规定,三方机制是指政府(通常以劳动部门为代表)、雇主和工人之间,就制定和实施经济和社会政策而进行的所有交往和活动。即由政府、雇主组织和工会通过一定的组织机构和运作机制共同处理所涉及的劳动关系的问题,如劳动立法、经济与社会政策的制订、就业与劳动条件、工资水平、劳动标准、职业培训、社会保障、职业安全与卫生、劳动争议处理以及对产业行为的规范与防范等。

时工会的工作开始转变为以生产为中心,以党的群众工作系统的身份出现,通过诸如组织劳动竞赛、关心员工福利和娱乐活动等方式调动广大职工的积极性,促进了"一化三改造"、"一五计划"、"二五计划"的顺利完成。这一阶段的雇佣关系在实质上是一种纵向的劳动行政关系,工会并没有进入雇佣关系中,更没有成为雇佣关系中劳动者的代表。

在文化大革命开始之后,在"四人帮"的控制下,中华全国总工会被"全国红色劳动者造反团"查封。许多城市和部分省相继成立"革命工人代表大会",取代了原来的工会组织,并把"文化大革命"的工作放在一切工作的首位。原全国总工会及所属事业单位的绝大多数干部和工勤人员先后到五七干校劳动,省级工会的大多数干部也下放到各自的五七干校劳动,或去农村落户。因此,在"文化大革命"十年间,中国的工会组织活动处于停滞状态。

1977年,中共"十一大"提出要加强党对工会、共青团、妇联等群众组织的领导,把这些组织整顿好、建设好,充分发挥它们应有的作用。1978年10月,中华全国总工会第九次全国代表大会召开,全国工会运动得以重新开展。随着中国经济体制的转型,中国工会也面临着由计划经济中行政化的工会运动向市场经济中群众化的工会运动转变(中国工运学院工会学系,1993)。其中雇佣关系的市场化是工会转变的直接依据和基本出发点。这种转变要求工会将立足点转移到雇佣关系中的代表劳动者利益上来,工作重心转移到雇佣关系领域,将维护劳动者的权益作为自身的基本使命。工会的市场化是一个渐进的过程:1978年全总九大提出工会改革群众化和民主化的方向;1988年全总十一大确定了"维护、建设、参与、教育"的工会四项社会职能,提出了工会改革的基本设想,明确了"群众化、民主化、联合制、代表制"的改革目标;1994年的《劳动法》明确规定"工会代表和维护劳动者的合法权益",中国工会从而提出了"工会工作总体思路",即要把维护劳动者的合法权益作为自己的基本职责,把集体合同工作作为工会工作的重点;2001年修改后的《工会法》不仅对中国工会的市场化改革进行了法律认定,而且还对市场经济下中国工会改革提出了更加明确的要求,提出"工会通过平等协商和集体合同制度,协调劳动关系,维护企业职工权益",由此可见,雇佣关系已经成为工会工作的重点了。

目前,中国工会的组织体制,是在中华全国总工会的统一领导下,分别建立地方工会和产业工会两大组织系统①。

中华全国总工会是中国工会的最高领导机关,在国际活动中代表中国工会组织。中华全国总工会执行委员会由中国工会全国代表大会选举产生,是中国工会全国代表大会的执行机构。执行委员会在全国代表大会闭会期间,负责贯彻执行大会的决议,领导全国工会工作。在中华全国总工会执行委员会全体会议闭会期间,由主席团行使执行委员会的职权,主席团下设书记处,主持全国总工会日常工作。中华全国总工会执行委员会委员,主席、副主席,主席团委员和书记处书记的任期与中国工会全国代表大会届期相同,每届任期5年。

地方各级工会代表大会是地方各级总工会的权力机构,由同级总工会委员会召集,每5年举行一次。目前,中国各级地方工会组织的建立与国家行政区划相统一,分为三级:省、直辖市、自治区总工会;省辖市、自治州总工会或省、自治区地区工会办事处;县(市)、旗总工

① 《工会的组织管理体制》,载中华全国总工会网站,www.acftu.org。

会。在一些经济发达地区,已经出现了乡镇工会、城市街道工会。乡镇、街道工会具有地方工会和基层工会双重职能,在当前私营企业、外资企业和乡镇企业工会组织不健全、工会还比较薄弱的情况下,乡镇、街道工会更多地发挥基层工会的作用,直接承担和处理新建企业工会难以承担的工作以及遇到的矛盾和问题。

产业工会是按照产业系统建立起来的工会组织。产业工会的设置主要分为全国产业工会和地方各级产业工会。全国产业工会的设置是由中华全国总工会根据需要确定。按照国民经济部门分布情况,经中华全国总工会批准,目前共有 10 个全国产业工会,其中铁路、民航、金融等 3 个全国产业工会实行产业工会和地方工会双重领导,以产业工会领导为主的体制,其余 7 个全国产业工会(中国教科文卫体工会、中国海员建设工会、中国能源化学工会、中国机冶建材工会、中国国防邮电工会、中国财贸轻纺烟草工会、中国农林水利工会)均实行全国产业工会和地方工会双重领导,以地方工会领导为主的体制。各级地方产业工会组织的设置,由同级地方总工会根据本地区的实际情况确定。除实行垂直领导的产业工会外,其余产业工会组织不要求上下对口,其建立委员会和工会领导机构的原则大体与全国产业工会相同。①

经济全球化使雇佣关系问题跨越了地区,地区工会无法解决这些问题,需要在产业层面上综合系统地解决,在雇佣关系国际比较的研究当中,Bamber 和 Lansbury 等学者(2004)通过在不同国家(包括发达国家和新兴国家)的雇佣关系的比较也验证了地区和产业两个解释变量的解释作用,并且发现不同的地区或不同的产业,其雇佣关系的模式是有着差异的。欧美国家都有很多个全国性产业工会,如汽车工人联合会、教师联合会、电气工人同业会等。工人不仅有选择是否加入工会的自由,还可以选择加入哪个工会(工会之间也有竞争),工会之间的竞争也会朝着更加有利于会员权益保护的方向发展,因此很容易开展集体谈判。例如美国的工会组织以产业工会形式为主,最重要的两个工会是劳联—产联和全美汽车工人联合会(UAW),前者代表制造业等夕阳产业工人,后者则代表美国汽车产业工人。UAW目前拥有 50 万会员,该工会以自己的强势在过去几十年中为自己的会员争得了很多的福利。

根据中华全国总工会的章程规定,产业工会全国组织的设置,可以经中华全国总工会批准,按照联合制、代表制原则组成,也可以由产业工会全国代表大会选举产生,但是中国的汽车行业现在却没有成立这样的工会,主要有以下三点原因:① 中国汽车行业公司的规模与发达国家相比还很小;② 在经济全球化的发展进程中,中国的汽车行业一直处于动态变化的过程中,各公司雇佣关系的发展方向和变化不同,更多的雇佣关系问题主要反映在企业层面,而非产业层面上;③ 中国汽车行业的工人目前还没有形成产业联盟的意识以开展集体谈判,因而总体来看表现为比较顺从和弱势。所以即使中国的汽车产业正在逐步成为国民经济当中的支柱产业,但是尚没有全国汽车产业工会成立。

对于中外合资经营企业而言,国务院 2001 年修订了《中华人民共和国中外合资经营企业法实施条例》,其中第 84 条规定:合资经营企业的职工有权依照《工会法》和《中国工会章

---

① 《中华全国总工会主要职责》,载中华全国总工会网站,www.acftu.org。

程》的规定,建立基层工会组织,开展工会活动。第 88 条规定合资经营企业应积极支持本企业工会的工作。合资经营企业应按照《中国工会法》的规定,为工会组织提供必要的房屋和设备,用于办公、会议,举办职工集体福利、文化、体育事业。合资经营企业每月按企业职工实际工资总额的 2% 拨交工会经费,由本企业工会按照中华全国总工会制定的有关工会经费管理办法使用。[①] 对于汽车合资企业来说,目前还没有针对汽车合资企业工会的统计数据,但大多数汽车合资企业都建有工会,其中以上海通用汽车公司的工会运行得最好。上海通用汽车工会自组建至 2004 年 7 月,行政拨缴工会经费从未拖欠过一天,且 2004 年,员工入会率就已达到 100%。工会围绕中心,服务大局,积极组织开展立功竞赛活动,提高员工素质。不仅通用汽车外方管理者非常满意工会工作,全国人大常委会《工会法》实施情况调研组也高度评价了上海通用汽车公司在贯彻实施《工会法》中所做的积极有效努力。[②] 从目前地方汽车行业工会的运行机制来看,汽车合资企业工会仍属地方总工会领导,进而仍然处于全总统一领导的框架之下。

在过去的 20 年中,中国的工会工作取得了相当大的进步。在改革开放之前和之后的一段时期内,工会的作用仅限于发电影票和组织文化娱乐活动,但是随着中国雇佣关系的复杂化,工会的形象和职能也发生了相应的转变,并且逐步成为雇佣双方之间的一种平衡的力量。不过,我们也应认识到这样的过程不是一蹴而就的,因此中国工会目前的管理和运行机制仍然存在着种种问题,但是随着持续不断的改革,中国的工会一定能够完善其为劳动者维权的职责。

当今,转型期的中国,社会矛盾凸显,要求加强和创新社会管理的呼声越发强烈,而工资集体协商制度正是社会管理创新的一种重要形式。作为工资集体协商的两大主体之一,中国工会的地位应顺应社会发展需要,从依附向独立转型,职能从福利型、管理型向维权型、代表型转变,以行业工会、区域工会为代表的工会组织体系创新应不断推进,协商能力亦需通过多种方式进行提升。如此,才能更好地发挥工会在工资集体协商以及在社会管理创新与和谐社会建构中的作用。[③]

如何推动工会的维权、代表职能得到更好的发挥呢?很多地区实行的基层工会领导人直选制度是一种可行的选择。各地在实施基层工会领导人直选的探索中形成了三种类型:劳资协商型、政府主导型和外力推动型。由于工会领导人是由工人直接选举产生的,他们是工人的真正代表,这样就能够克服工会领导的"贵族化"倾向,增强他们的工作积极性和责任感,从而在工资集体协商中真正为工人说话。当然,工会领导人直选制度的推行需要相关配套措施的跟进,对工会领导人的保护和权益保障机制就显得非常重要。比如,杭州市总工会早在 2001 年就设立了市属基层工会主席保障资金,以帮助为维护职工合法权益而遭受不公

正待遇或因生活遭遇特殊困难的市属基层工会主席。2007年,杭州市总工会出台了《企业工会主席合法权益保护暂行办法》。2008年,杭州市总工会又发布了《杭州市企业工会主席权益保障金管理使用办法》,其中第4条规定"杭州市总工会及区、县(市)、开发区总工会均应设立企业工会主席权益保障金,资金来源以本级工会拨款为主,实行专款专用,不足时可追加,年末结余滚存下一年度使用"。类似的措施在一定程度上解除了基层工会主席的后顾之忧,从而可以在工资集体协商中放手维护工人的权益。

然而,应该看到,由于工会处于中国特定的社会政治环境中,工会的转型并不是工会自身的事情,政府和其他社会力量的有力支持同样重要。工会的转型有赖于工人的启蒙(包括工人的权利意识的培养和理性算计能力的提升),有赖于工人的呼吁与忠诚;也需要政府的大力支持,为其创造良好的发展环境;同样需要企业方面的配合,至少不能是抵制。当然,工会的转型更离不开工会组织自身的努力,离不开上至全国总会下至基层工会的所有工会工作人员的努力。[1]

与此同时,经济全球化和全球治理的背景下,劳动标准的全球化趋势不可避免。通过对不同国家核心国际劳工标准落实情况的比较,我们可以得出公约是否批准与国家的经济发展状况并不成正比例关系等结论。我国由于经济发展状况、政治体制等诸多方面的原因,没有完全批准8个核心劳工公约。在全球治理的背景下,中国工会应该坚持既有的批准国际劳工公约的立场,既反对将劳工标准与贸易挂钩,又要积极应对劳工标准对贸易的影响,配合政府在劳动教养制度的废除、集体合同制度的完善等诸多方面与国际劳工标准接轨。[2]

总体来说,近些年来,中国工会正逐步走出一条中国特色社会主义工会发展道路。这意味着,我们在对中国工会的发展经验进行理论概括,或者对中国工会未来变革进行预测或建议时,就不能简单地预设或套用某种既有工会模式,避免以理论套现实,以想象取代观察,而应该切实回到中国工会经验当中,通过细致的观察、谨慎的概括和理性的抽象,从而获取对中国工会的客观准确的理解和解释。当今转型阶段,中国工会正不断试点、变革,不仅对先前经验进行一般性理论概括,还正将结构/制度分析与行动/机制分析相结合。相信未来中国工会不仅会在工会理论上有所创新,充实中国特色社会主义工会发展道路的理论内涵,而且也会在保障工人合法权益,促进建设和谐劳动关系,更好地履行职能方面有更大的进步。[3]

5.2　雇主与雇主组织

在新中国成立以后,"雇主"这个词在一段时间内很少为人们所用,而且在当时人民的意识形态中,雇主往往与资本家联系在一起,带有贬义色彩。(张彦宁,2002)完成社会主义改

---

① 李力东:《工资集体协商制度的完善路径——工会转型的视角》,载《中共浙江省委党校学报》,2012年第2期。

② 张冬梅、沈建峰:《全球治理背景下的工会法律参与——以工会参与核心劳工标准的实现为重点》,载《中国劳动关系学院学报》,2012第4期。

③ 吴建平:《转型时期中国工会研究方法评析》,载《中国劳动关系学院学报》,2012年第1期。

造之后,中国多年来一直实行着高度集中的计划经济体制,企业不是一个独立的社会集团或利益集团,而只是政府的附属物,企业行政及管理人员均是以国家干部的身份在企业中执行国家对企业的指令,既没有自主用工的权利,也没有自主决定工资收入的权利。因此,当时的企业与员工之间没有雇佣关系,更谈不上雇主和雇员进而雇主组织的概念。

随着中国的经济结构的多元化和经济运行的市场化,中国的雇主阶层开始逐步浮出水面。但是,由于在从计划经济体制向市场经济体制过渡的时期,中国的雇主和雇主组织的构成情况也比较复杂,从而使得中国雇主的含义与国外相比有较大区别。

在国有企业中,尽管国家通过政企分开、两权分离的改革将企业经营权下放到企业,使其具有自主用人的权力,同时随着生产要素分配方式的确定和经营者年薪制的实行,经营者开始参与企业的利润分配,行使雇主的职权并享有雇主的经济待遇。但是,他们在现行政治体制和人事管理制度下,国家干部的身份仍然没有改变,因此是否能够充当雇主,目前尚未有定论。

但是在近年来发展迅速的非公有经济中,特别是在一些私营企业、乡镇企业和外资企业中,企业的用工和工资收入完全按照市场化运作,通过劳动合同确定企业和个人之间的雇佣关系,从而出现了大量的雇佣关系,使中国逐渐又出现了雇主和雇员的概念。这些企业的业主和经营者构成中国具有典型的市场经济法律特征的雇主。

作为市场经济的成长果实,雇主组织的出现标志着一个国家或者地区的市场经济已经初具规模。其发展程度不仅是一国或地区市场经济发展的标志和风向标,雇主组织同时也成为协调行业、企业间矛盾和雇佣关系的重要渠道之一。

自中国加入 WTO 以来,中国的雇主组织发展进入轨道,国内各行业相关企业正受到来自全球各地同行们前所未有的挑战。在这一新形势下,一方面,需要建立各行业内部的企业组织以统一部署行业战略;另一方面,劳动者特别是高素质劳动者作为企业经营及发展不可或缺的力量,日益受到雇主的重视;同时,这些重要的劳动力资源也正受到来自全球各地的国际公司的迫切需求。因此,来自行业层面的雇主组织的建立已是迫在眉睫。

目前,中国的雇主组织正处于形成和起步阶段。目前影响最大的雇主组织是中国企联(中国企业联合会、中国企业家协会合署的中文简称)。中国企联发起于 1984 年的中国厂长、经理工作研究会,后来经国家民政部核准注册登记成为全国性社会团体法人,是独立于政府、自主从事各项活动的国家级雇主组织,其分支成员分布于各省(自治区、直辖市)、各行业、各工业城市和区县,成员包括各类所有制企业。目前,中国企联拥有省级企业团体 40个,全国性企业团体 30 个、主要工业城市企业团体 220 个,共同发起组建单位 6 个,会员企业 54.5 万家。① 中国企联在内部特别设立了"雇主工作委员会"专门负责雇佣方面的工作。在三方协调机制中,中国企联主要承担以下工作:代表中国企联参加国家协调雇佣关系三方会议,参与有关涉及雇佣关系方面的法律法规和政策的制订;指导与协调各地、各行业企联/企业家协会开展三方机制建设和雇佣关系协调工作;收集、整理国内外有关三方机制和雇佣关系方面资料并及时向各级企联/企业家协会传递信息;参与国际雇主组织和国际劳工组织

---

① 《组织结构》,载中企联合网,http://www.cec-ceda.org.cn/china/hy.php。

活动，参加国际劳工大会和国际劳工标准与公约的修改和制订，开展与其他国家雇主组织及国际机构的交往与合作；为各地、各行业企联/企业家协会以及企业（雇主）提供三方机制和雇佣关系方面的培训、咨询等服务；推动企业建立和加强劳动合同、集体合同的签订，减少雇佣争议，维护企业雇佣关系稳定等。中国企联作为中国最大的雇主组织，其成员中有很多汽车合资企业，因此中国企联也是汽车合资企业的雇主组织。

另外，商会这一组织形式在中国出现，国际惯例一般以商会作为雇主代表，因此，在中国发展以商会为代表的雇主组织也将成为建立和实施三方协商制度的一项重要内容。特别是近年来，以省、自治区、直辖市、地级市为单位的各地区商会，发展迅速，遍布全国各地。如温州商会已经遍布全球，而且历史悠久。这些地方商会主要服务于自己的会员企业，代表会员就经济问题向当地政府建言献策；同时也配合当地政府展开经济活动，极大程度上保证了各自雇员及当地劳动力市场的稳定，促进了当地经济繁荣。从职能方面来讲，其性质和中企联类似。相比之下，地方商会属微观层面，对各自会员的服务更具针对性，且反应迅速。除此之外，在一些非公有制经济发达的地区，很多雇主自发组成了一些民间非正式的雇主组织（例如以"联谊会"的方式），从而在与政府对话和处理雇佣关系事务中共同行动。这种雇主组织形式大多出现在区、乡等以下地域的外资企业，例如大连的日资企业。（常凯，2004）

除了代表中国企业家及经营者的雇主组织以外，中国境内从事汽车及相关行业生产经营活动的企事业单位和团体还组成了中国汽车工业协会。中国汽车工业协会是不受部门、地区和所有制形式限制的自律性、非营利性的社会团体，具有社会团体法人资格。中国汽车工业协会目前对于自身职能的定位主要是："作为联系政府与企业的桥梁和纽带，贯彻执行国家方针政策，反映会员愿望与要求，以为政府和会员提供双向服务为宗旨，以维护行业的整体利益、振兴中国汽车工业为己任，以提供调查研究建议、自律管理、信息引导、咨询服务、国际交流等为基本职能，不断增强维护行业利益和会员企业合法权益以及协调企业群体行为的实力，增强提出政策建议、提供行业信息、开展行业咨询和组织重大活动的实力，增强承担政府委托、协助政府部门做好行业工作的实力，为同行的各界朋友提供优质的服务。"[1]

除了汽车工业协会外，还有许多地方汽车工业协会，例如北京汽车行业协会，上海市汽车行业协会、南京市汽车行业协会、安徽省汽车工业协会等。这些地方汽车工业协会是各地方汽车行业、企事业单位自愿组成的跨部门、跨所有制的非营利的行业性社会团体法人，对当地的汽车的发展具有一定的推动作用。例如北京汽车行业协会的宗旨是："为企业服务、为行业服务、为政府服务、为社会服务。在企业与政府之间发挥桥梁纽带作用，促进北京汽车行业又好又快地发展。主要职能是：协调服务；自律和维护会员企业合法权益；协助政府部门加强行业管理"。[2] 山东省汽车行业协会的主要职能是："宣传、贯彻国家经济工作方针和汽车产业政策，承担政府部门的委托，协助做好汽车行业、地区经济发展调查研究，对与汽车行业发展有关的技术、经济政策和法规、规章的运行进行调研，及时向政府部门反映行业的意见和建议；维护会员单位的合法利益，向政府部门反映行业的或多数会员单位共同的意

---

① 中国汽车工业协会，http://caam.org.cn/caam/caam.web/Xhjj.asp。

② 北京汽车行业协会，http://www.auto-beijing.com/news/jieshao_jianjie.asp。

见和要求;开展行业在深化改革、生产建设等方面的情况调查研究,为政府部门提供政策调整的建议;组建行业信息网络,办好行业综合信息刊物,经政府部门同意和授权进行行业统计、收集、分析、发布行业信息;经政府部门授权和委托,参与制定行业规划。对行业内重大的技术改造、技术引进、投资与开发项目进行前期论证;协助政府组织制定、修订行业技术、经济、管理等各类标准,开展行检、行评,并组织推进标准的贯彻实施等"。[1] 由于汽车合资企业在汽车行业占据的比重较大,而且大部分汽车合资企业是汽车工业协会和地方汽车工业协会的会员,因此在汽车工业协会和地方汽车工业协会的主要功能和任务中维护会员企业权益这一项充分说明了汽车工业协会和地方汽车工业协会是汽车合资企业的雇主集体组织。

　　尽管中国的雇主组织在近年来得到了一定的发展,中国汽车工业协会、地方汽车行业协会都有了一定的规模。但是从目前运行的现状来看,仍然存在以下问题:(1)代表性不够强。中国汽车工业协会的会员单位才1 659家[2],即便是全国影响最大的中国企联的会员企业相对于中国企业总数来说仍然相当少。(2)缺乏关于雇主组织的法律规定,从而使得雇主组织的成立和活动的规范化和法制化没有实现。中国汽车工业协会对于不遵守协会的章程和行规行约,不执行本协会决议的会员单位采用的措施就是强制其退会,而无法对其进行法律制裁,这给雇主组织的活动带来了被动。(3)职责的偏失。有些雇主组织会把主要精力放在举办各种会议或者提供会员企业信息交流、培训教育、咨询和商贸等服务,而在雇佣关系领域的功能(如维护会员企业方面)有所欠缺,上述中国汽车工业协会、地方汽车行业协会的宗旨描述中我们也可以看出这些雇主组织维护会员企业权益方面还只是浮于表面,只局限在向政府部门反映行业的或多数会员单位共同的意见和要求或协调会员关系等方面。

5.3　政府机构

　　作为协调雇佣关系三方机制中的一方代表,政府是国家利益和社会利益的代表者和维护者。在三方机制中,政府一方一般由国家劳动行政部门代表。在中国,劳动行政机构是政府中专门设立的对劳动工作实行统一管理的部门。国务院下设人力资源和社会保障部(原为劳动和社会保障部),综合管理全国的劳动和社会保障工作。在中国的三方协调机制中,该部门发挥着重要的作用。

　　在计划经济和市场经济的不同体制中,政府的身份和作用是不同的。在计划经济体制下,公有制企业特别是国有企业构成国民经济的主体,在国有企业中,雇佣关系的一方是工人,另一方实际上是国家,企业行政只不过是国家与工人之间的中介。因此,这些企业的员工被称为"国家职工"。政府的劳动部门作为用人单位的上级,实质上是以雇佣关系一方的身份、用行政手段直接介入雇佣关系,包括调配劳动力,确定工资、休假、福利、劳动保护等具体劳动标准,处理雇佣纠纷等。企业在雇佣关系中的作用只是在执行政府劳动部门的政策

---

　　① 山东省汽车行业协会,http://www.sama.org.cn/docc/gsjj.htm。
　　② 中国汽车工业协会会员单位,http://caam.org.cn/caam/caam.web/Hydw.asp。

和指令。因此,在计划经济时期的雇佣关系其实是一种劳动行政关系,政府是企业雇佣关系直接当事人的主体。(常凯,2004)

随着市场经济的转型和雇佣关系的市场化,政府劳动行政部门逐渐开始从企业具体的雇佣关系中退了出来,由过去的直接介入转变为对雇佣关系的宏观协调、调控和管理。国家最高权力机关全国人民代表大会成为雇佣关系的立法机关。而国有企业依旧为政府管理着国家的命脉。因此,现在中国政府在雇佣关系中的作用可以归纳为:协调者、调控者、立法者和管理者。具体来说,中国政府调整当前的雇佣关系的机制主要包括以下内容:(1)全面实行以劳动合同制度为主要内容的新型劳动雇佣制度;(2)推行集体协商和集体合同制度,建立企业雇佣关系自我协调机制;(3)建立健全的雇佣争议处理制度,有效预防和处理雇佣争议;(4)制定和完善劳动立法和劳动标准,为调整雇佣关系、维护职工权益提供法律依据和政策基准。

目前,中国政府的劳动行政部门已经初步完成了由计划经济向市场经济的身份和职能的转变,初步建立了以劳动政策为基准,以劳动合同管理、集体协商和集体合同、雇佣争议处理为主要内容的雇佣关系协调体制,在建立和维护和谐稳定的雇佣关系方面起到了积极的作用。但是在某些行业或企业(如国有企业)的雇佣关系中,政府仍然具有双重身份。一方面,政府是企业的所有者,另一方面,政府又是其雇佣关系的协调人。这种特殊的身份在一段时间仍将存在,也为建立有效、合理的雇佣关系协调体制带来了一定的难度。

中国汽车合资企业同样也存在这样的问题。根据 2004 年《中国汽车产业政策》的规定:汽车行业中外合资生产企业的中方股份比例不得低于 50%,由此可知国有企业的股份在目前中国汽车合资企业中占据相当大的比例,例如一汽大众中一汽占据着 60% 的股份。因此,在汽车合资企业雇佣关系中,政府的作用非常独特。首先,政府是国有汽车企业的所有者,汽车企业的经营者代表的是政府的利益。其次,政府又是调节国有汽车企业雇佣关系的协调人。

在分析政府在中国汽车合资企业雇佣关系中的作用时,我们不能忽视政府有可能既是雇佣双方中的一方,又是雇佣关系的管理者和协调者。但是,由于中国特殊的国家制度,中国政府代表的利益与其他国家政府是有很大区别的。中国是由工人阶级领导、以工农联盟为基础的人民民主专政国家,中国政府代表的是工人阶级的利益,而国有企业的所有者是政府,所以国有企业代表的也应该是工人阶级的利益。从逻辑上说政府、国有企业、工人三者的利益应该一致,但是现实中相互之间是存在冲突的。在中国特色的国家体制下,政府到底应该在中国汽车合资企业雇佣关系中扮演什么样的角色?这是本文在分析中国汽车合资企业雇佣关系时应该考虑到的问题。

5.4　集体谈判

集体谈判是市场经济国家雇佣关系制度的核心,因为雇佣关系谈判中的实质性条款都是在该机制中得到确定的。集体谈判权是集体劳权中运用最为广泛的一种权利(常凯,2004),它是工会运动的直接结果,也是近代劳工立法的核心内容。在雇佣冲突不断激化的情况下,资本主义国家为协调和规范雇佣关系,逐步通过立法对其加以承认并确立相应制度。

　　这一制度在各国法律中的表述不尽相同。有的称为集体谈判制度,有的称为集体合同制度,有的称为集体协议制度,还有的称为集体谈判和集体合同制度。这些称谓的差别体现的是角度和所强调的重点的不同。中国《劳动法》对这一制度的表述为强调结果的"集体合同"。但是有关方面对这一制度过程的表述却存在着一定的差异,例如中华全国总工会在官方文件中,有时称其为"谈判协商"①,有时称其为"集体协商"②,还有时称其为"平等协商"③,国家劳动与社会保障部在所颁布的劳动规章中称其为"集体协商",而 2001 年新修改的工会法则称其为"平等协商"。约翰·P. 温德姆勒(1994)认为协商与谈判的不同之处在于其只是一个咨询的过程,强调的是合作而非对立,协商的最终决策力量总是在管理者手中,而谈判的结果则取决于双方能否达成一致。《劳动法》强调集体合同的订立,这种合同是通过"谈判"或"协商",并未有明确的法律规定,这体现了中国雇佣关系的过渡特点,同时也反映了雇佣力量的对比。

　　中国劳动者对集体谈判权的享有并不是从来就有,并且不是一以贯之的。1950 年的《工会法》规定"在国营企业及合作社经营的企业中,工会有代表受雇工人、职员群众参加生产管理及与行政方面缔结集体合同之权","在私营企业中,工会有代表受雇工人、职员与资方进行交涉、谈判,参加劳资协商会议并与资方缔结集体合同之权"等。在社会主义所有制改造完成并实现计划经济体制后,集体谈判制度由于与国情不相适应而被搁置。但是,在之后的社会主义市场经济体制改革中,这一问题又被重新提起。1992 年 4 月颁布的《工会法》在"工会的权利与义务"一章中明确规定"工会可以代表职工与企业、事业单位行政方面签订集体合同"。1994 年 7 月颁布的《劳动法》第三章"劳动合同和集体合同"中具体规定了"企业职工一方可以与企业就劳动报酬、工作时间、休息休假、劳动安全卫生、保险福利等事项,签订集体合同"。1994 年 12 月,劳动部又颁发了《集体合同规定》,具体规定了集体谈判和集体合同的具体实行办法。2000 年 12 月,劳动和社会保障部颁发的《工资集体协商办法》对集体谈判的核心内容——工资进行了具体规定。2004 年 5 月 1 日实施了《集体合同规定》,对集体协商和签订集体合同的行为进行了规范,并规定"中华人民共和国境内的企业和实行企业化管理的事业单位与本单位职工之间进行集体协商,签订集体合同,适用本规定"④。

5.4.1　集体谈判中的劳动者与工会

　　在集体谈判中,劳方的劳动者和工会,谁是集体谈判权的主体或集体谈判的当事人？对

---

　　①　中华全国总工会:《关于贯彻实施劳动法的决定》,1994 年 12 月 11 日,www. acftu. org。

　　②　中华全国总工会:《关于建立集体协商和集体合同制度中最好工会工作的一件》,1995 年 2 月 8 日,www. acftu. org。

　　③　中华全国总工会:《工会参与平等协商和签订集体合同试行办法》,1995 年 8 月 17 日,www. acftu. org。

　　④　劳动和社会保障部第 22 号令:《集体合同规定》,颁布日期 2004 年 1 月 20 日,实施日期 2004 年 5 月 1 日。

此问题，中国劳动法学界有三种学说，即"工会主体说"、"劳动者主体说"和"劳动者和工会共同主体说"。

工会主体说是劳动法学界的传统观点，该观点认为由于劳动法将集体合同确定为规范性合同，集体合同的当事人是工会组织，而劳动者只是集体合同的关系人，由此工会应当承担相应的法律责任（史尚宽，1978）。然而该观点对于劳动者的"关系人"身份的认定意味着他们在集体谈判中不能主动参与，只能被动获益，从而与集体谈判的性质相悖。

劳动者主体说则认为集体合同的主体是"职工一方"而非工会，工会只是充当职工代表的角色（张喜亮，1997）。这种观点源自《劳动法》第33条的规定："企业职工一方与企业……签订集体合同。集体合同草案应当提交职工代表大会或者全体职工讨论通过。集体合同由工会代表职工与企业签订；没有建立工会的企业，由职工推举的代表与企业签订。"但事实上，工会并不是一个可以脱离劳动者而存在的利益主体，劳方作为一个有机整体，工会是不能与劳动者分割开来的。

因此，本书更加认同学者常凯提出的"劳动者和工会共同主体说"，这一观点认为集体谈判的劳动主体应该由劳动者与工会共同组成，而且这是一个不可分割的主体，其中劳动者是意志主体，工会是形式主体（常凯，1995）。这一观点在确认劳动者利益是集体谈判直接目的的同时，也防止工会成为一个脱离劳动者而存在的利益实体。

通常来说，工会之所以能够代表劳动者进行集体谈判是因为劳动者的授权，而这种授权则取决于工会所代表的会员人数的多少以及在劳动者中的影响和地位。但是中国对工人组织权利的保护是以全国总工会为基本框架的，因此在工会一元化体制下，工会谈判一般无需再由劳动者授权，而由法律直接规定。工会可以就有关劳动者权益的各类问题包括作为劳动者组织形式即工会问题进行谈判，并达成对于全体劳动者均具有效力的集体合同。工会有义务向劳动者报告合同草案并经他们批准。但是，中国的集体谈判往往容易流于形式，其中的主要原因正是上文中所提到的工会对企业的依赖性，中国工会参与集体谈判通常并不是向劳动者负责，而是向上级负责。

5.4.2 集体谈判中的雇主与工会的权利关系

自1994年颁布《劳动法》推行集体合同制度以来，劳动部、全国总工会、国家经贸委和中国企业家协会专门发出通知，提出集体协商和集体合同制度是我国在市场经济条件下协调雇佣关系的有效机制[①]，是维护职工权益的重点工作[②]。但是，工会在推行集体合同的过程中，仍然遭到了雇主的不合作或抵制。这种不合作或抵制有两种方式：一是不承诺，二是控制谈判使之徒具形式或有利于雇主[③]（常凯，2004），并且在外商投资企业和私营企业中更加突出。

---

① 劳动部等：《关于逐步实行集体协商和集体合同制度的通知》，1996年5月17日。

② 张丁华：《在中国工会第十三次全国代表大会上的工作报告》，1998年10月19日。

③ 常凯（2004）对此解释为，由于中国工会更注重集体合同的数量，因此对于雇主不应诺的情况，在工会文件中经常提到，但对于雇主控制集体谈判的情况，在正式场合则从未见有人提及。实际上，第二种情况更为普遍。

对于雇主的"不承诺",由于《劳动法》第33条提到"职工一方可以与企业就劳动报酬、工作时间、休息休假、劳动安全卫生、保险福利等事项签订集体合同",其中"可以"这一表达意味着这一条款并非强制而只是选择性的,实际上具有雇佣双方自治的含义。如果雇佣双方力量相对均衡,或者劳动者有罢工权作为后盾,那么这种规定是可以实行的。李琪(1999)认为中国特别是私营或外商投资企业中,劳动者组织力量薄弱,又缺乏明确的罢工权保障,集体合同的实施结果只有两种可能:一是难以推行,例如在私营和外资企业;二是徒有虚名,如在国有企业。而对于雇主控制谈判,工会也无可奈何。只有通过建立不当劳动行为制度来加强工会的集体谈判权,并以此来促进中国的集体合同制度真正步入市场轨道。

目前中国政府对于这一问题已经加以重视,2001年的《工会法》就增加了关于雇主拒绝集体谈判的条款,其中第53条规定"违反本法规定,有下列情形之一的,由县级以上人民政府责令改正,依法处理⋯⋯无正当理由拒绝进行平等协商的。"尽管如此,仍然存在众多疑问,例如对于"无正当理由"、"责令改正"、"依法处理"究竟应该如何理解和实行还有待于进一步的明确。

5.4.3 集体谈判的内容与程序

1. 集体谈判的内容

国际劳工大会在1981年通过的专门的集体谈判公约(第154号公约)规定:各国应该采取符合国情的措施促进集体谈判,而这些措施的目的应当使所有经济活动部门中的所有雇主同所有的工人群体之间都有可能进行集体谈判;集体谈判的内容应当逐步扩大,直至把决定劳动条件和就业条件、规范工人与雇主之间的关系、规范雇主或其组织同工人组织之间的关系等一应事务全部包括进去(王家宠,1991)。而中国的《劳动法》及有关规章则明确规定集体双方可以就"劳动报酬、工作时间、休息休假、劳动安全与卫生、补充保险和福利、女职工和未成年工特殊保护、职业技能培训、劳动合同管理、奖惩、裁员、集体合同期限、变更或解除集体合同的程序、履行集体合同发生争议时的协商处理办法、违反集体合同的责任、双方认为应当协商的其他内容"[①]等进行集体协商。

其中,涉及劳动者具体劳动条件和劳动标准的规定是集体谈判中最主要的内容,而除劳动标准以外涉及雇佣关系及企业经营管理方面的内容,则主要根据企业雇佣关系的实际状况、雇佣双方的实力对比及亲和程度,由双方协商确定。

从中国的集体谈判实践过程来看,由于《劳动法》关于集体合同的内容并没有强制性规定,因此集体协商既可以包括上述所有内容,也可以只包括其中一项或几项。企业可以根据雇佣关系的实际情况及需要确定,是谈判和签订涉及全部内容的合同,还是谈判签订专项合同。例如一些企业就工资、女职工或安全卫生等问题进行谈判并签订专项集体合同,这种方式更为方便、灵活和有效。

2. 集体谈判的程序

由于《劳动法》并没有具体规定如何进行集体谈判,因此劳动社会与保障部在2004年发

---

① 劳动和社会保障部:《集体合同规定》,2004年。

布了《集体合同规定》,其中第4章"集体协商程序"中对集体谈判作了较为详细的规定。集体协商任何一方均可就签订集体合同或专项集体合同以及相关事宜,以书面形式向对方提出进行集体协商的要求。一方提出进行集体协商要求的,另一方应当在收到集体协商要求之日起20日内以书面形式给予回应,无正当理由不得拒绝进行集体协商。集体协商会议由双方首席代表轮流主持,一方首席代表提出协商的具体内容和要求,双方对此发表各自意见,开展充分讨论。如果达成一致,则形成集体合同草案或专项集体合同草案,并交职工代表大会或者全体职工讨论,在有2/3以上职工代表或者职工出席并且全体职工代表或者全体职工半数以上同意时,该草案方获通过。对于集体协商中未达成一致意见,双方可以中止协商,并由双方商定中止期限及下次协商的时间、地点、内容。集体合同或专项集体合同期满前3个月内,任何一方均可向对方提出重新签订或续订的要求。双方协商代表协商一致,可以变更或解除集体合同或专项集体合同。

　　基于国家对于集体谈判的程序有了上述一些原则性的规定,集体谈判实践也取得了一定进展。至今,集体合同制度在中国已推行了近10年,截至2003年底,全国共签订集体合同67.29万份,覆盖企业121.4万个,覆盖职工1.035亿人。但是在实践中,集体谈判操作仍然很不规范,相当多的企业存在着集体谈判和集体合同严重流于形式的现象。

　　集体合同形式化具体表现在以下方面:(1)主体错位。实践中,一些工会并未真正认识和摆正自己在集体合同中的法律地位,颠倒了主体和代表的关系,出现职工对集体合同毫不知情,工会自己确定协商代表和协商内容,自己与企业签订集体合同,签订后也不向全体职工公布的情况。这种主体的错位导致集体合同的实际主体缺失,为集体合同的形式化埋下根源性的隐患。(2)程序简化。集体合同制度的灵魂在于建立一种协商机制。但是在集体合同签订中,一些工会和企业重签订轻协商的现象十分普遍,有的根本没有什么协商过程,即使协商也往往是走一下过场。集体合同文本也多是统一印制的格式化文本,由企业经营者和工会负责人共同签字上报了事,协商则成为多余的程序。(3)内容空洞,照抄法律。实践中集体合同照抄法律、法规的规定十分普遍,即使写入一些内容也多是原则性的规定,或避重就轻地将一些并不是职工关心的和企业实际遇到的问题写入合同中。据调查,在一些集体合同中,法律已经明确规定的实体条款的比例均超过了50%。合同内容照抄法律且不符合企业实际,使相当一部分人认为集体合同的意义不大。(4)重签订轻履行。一些企业与工会并未充分认识集体合同制度的意义,只把这一制度作为一项上级布置的任务和指标来完成,往往签订了合同,上报了数字就大功告成,至于合同是否解决了问题,合同是否履行就显得无关紧要。另外,由于没有协商过程,内容大都照抄法律,集体合同也丧失了履行的必要性和可行性。[①]

　　由于在多数非公有制企业中,工会的谈判能力有限,国家对一些国有企业的工资总额仍保持相对的控制权,在这些企业中工资谈判难以真正开展。其根本原因在于谈判主体之一工会或劳工力量的薄弱,亟待通过工会内部组织体制的改革和谈判斗争手段的丰富来加以

---

① 姜颖:《〈集体合同法〉立法的障碍及工会的应对》,载北京劳动法学和社会保障法学研究会网站,ht-tp://www.ldbzfx.org。

弥补。①

3. 集体谈判的层次

在西方国家,集体谈判往往会分为国家、行业(产业)、企业等几个层次,而中国的《劳动法》对于集体谈判的规定主要在企业这一层次。从今后发展的趋势来看,集体谈判仅限于企业这一级是远远不够的。例如,在涉及工资等劳动条件问题时,有一个行业标准的问题(如在铁路、民航、邮政、电信等行业),这不是一个在企业层面的集体谈判就能解决的问题。此外,中国各类组织工会的建设和完善还有一个相当长的过程,而在目前有些企业(特别是一些小型的私营和外资企业中),工会的组织和力量难以在企业开展集体谈判,应通过区域或行业工会与雇主组织签订集体合同来解决这一问题。

目前,中国有 13 个省、自治区及大连市均通过制定地方性法规开始了在区域或行业进行集体谈判的探索。例如,浙江省政府 1999 年 10 月发布的《浙江省集体合同条例》中的第 38 条就确定了雇佣双方可以签订"区域性、产业性、行业性集体合同"的制度。在 2001 年 9 月至 2002 年 9 月,浙江省签订的区域集体合同数达到 6 191 份,覆盖企业 46 996 户,覆盖职工 636 060 人;签订的行业集体合同 1 598 份,覆盖企业 13 662 户,覆盖职工 1 234 206 个。(夏小林,2004)同期,中国除去西藏自治区外的 31 个省、自治区、直辖市也纷纷实行了行业或区域性集体合同制度。尤其是在私营企业比较发达、小企业比较多的如福建、广东等地,区域性或行业性集体谈判发展较快。随着三方协调机制在基层的发展,全国各地的区域性或行业性集体谈判发展速度也将不断加快。

目前,中国对雇佣关系的研究还处于起步阶段,汽车合资企业雇佣关系的研究是中国雇佣关系体系的一个组成部分,目前尚无专门的制度或法规对汽车行业或者汽车合资企业的雇佣关系作用过程进行规范。因此,中国雇佣关系的一般主要过程也是汽车合资企业雇佣关系的主要过程,只是不同的企业由于自身特点而存在一些差异。

5.5　雇佣争议及其解决

5.5.1　雇佣争议处理机构

根据《劳动法》和《企业劳动争议处理条例》的规定,在中国处理雇佣争议的机构有三个。(1) 用人单位雇佣争议调解委员会,这是依法成立的专门处理雇佣争议的群众性组织,由用人单位代表、用人单位工会代表、员工代表三方组成,是处理争议的基层组织结构。(2) 地方雇佣争议仲裁委员会,一般设在县、市一级,由同级劳动行政部门的代表、同级工会代表、用人单位方面的代表组成。仲裁委员会的主任由劳动行政部门的代表担任。(3) 人民法院,这是处理雇佣争议的最终机关,雇佣争议案件由法院的民事审判庭负责审理,实行两审终审制,其判决具有法律效力。中国雇佣争议处理实行协商、调解、仲裁、诉讼的处理程序。协商和调解并非必经程序,而仲裁程序是必经程序,诉讼是不服仲裁裁决的当事人处理雇佣

---

① 乔健:《加强对转型时期劳工政策的研究》,载人民网强国论坛,http://www.qglt.com。

争议的最终司法程序。

5.5.2　中国法律对于罢工权利的规定

中国在建国后，罢工的现象一直存在。其中工潮比较集中的有三次：一次是在建国初的1952年，另一次是在所有制社会主义改造完成前后的1956年至1957年，再一次是在经济体制改革以来的20世纪80年代末至今。

中国1954年的《宪法》没有规定"罢工权"。1975年的文化大革命时期《宪法》首次作出规定："公民有言论自由，通信、出版、集会、结社、游行、示威、罢工的自由。"1978年《宪法》仍作如此规定。而到了1982年，《宪法》取消了"罢工自由"的规定，因为在国有制的计划经济条件下，罢工实际上就是罢政府的工，具有政治性含义。到目前为止，中国《宪法》、《工会法》、《劳动法》等都没有赋予劳动者和工会罢工的权利，甚至在《集体合同规定》中还规定"任何一方不得有过激行为"。但是在一些特殊情况下又允许劳动者有权"停止作业"、"有权拒绝执行"。例如在《矿山安全条例》中规定"有权拒绝任何人违章指挥"。1992年《工会法》第25条规定："企业发生停工、怠工事件，工会应当会同企业行政方面或者有关方面，协商解决职工提出的可以解决的合理的要求，尽快恢复秩序"，隐含地承认了罢工。

事实上，在市场经济雇佣关系的背景之下，罢工及变相罢工（如集体雇佣争议、集体上访）的事实是存在的，但是宪法和法律对这一问题采取了回避的态度（徐小洪，2004），既没有明确赋予劳动者罢工的权利，也没有明文禁止。所以，罢工并不违法，但同样也不受保护。

5.6　结　论

本章介绍了中国汽车合资企业雇佣关系中的三方主体。目前大多数中国汽车合资企业都组建有工会，不同企业的工会在集体谈判中所扮演的角色有所差异，但是总的看来，目前各个企业的工会对于企业的依赖性使其无法真正发挥市场经济下工会应有的职能。汽车行业目前没有全国性的行业工会，有地方最近开始尝试探索地方行业工会制度。从目前地方汽车行业工会的运行机制来看，汽车合资企业工会仍属地方总工会领导，而后者也只是中华全国总工会的一个分支，所以与西方强大的行业工会不可同日而语。雇主组织主要是中国企联和中国汽车工会协会，但是从目前这两个组织的运作来看，在三方协调和集体谈判中所扮演的角色仍十分有限。而中国汽车合资企业中，国有企业的股份占有很大的比例，国有企业背后强大的政府背景和浓厚的政治色彩，使得如何明确界定政府在雇佣关系中扮演的角色存在一定难度。总体而言，中国汽车合资企业雇佣关系的发展历程与西方国家汽车合资企业雇佣关系所经历的充分发展有着较大差异，表现出较强的中国特色。因此，在日渐融入经济全球化进程的今天，如何发展和完善自身的雇佣关系体制以实现稳定与和谐的目标对于中国来说是一个亟待解决的重大问题。

第六章 中国汽车合资企业雇佣关系
的外部影响因素变化

根据本书第三章中提出的研究框架,为了分析经济全球化背景下中国汽车合资企业的雇佣关系,我们需要从外部影响因素的变化和内部影响因素的变化两个方面入手。而本书的第六章和第七章就将体现这两个方面的内容。本章将分析从 1983 年开始至今经济全球化背景下中国汽车合资企业雇佣关系外部影响因素的变化,这些外部影响因素主要包括产业结构、技术进步、行业管制与法律环境以及行业总体的雇佣情况。

6.1 经济全球化背景下中国汽车合资企业的发展历程

中国汽车合资企业的发展起始于 1983 年第一家汽车中外合资企业——北京吉普汽车有限公司的成立,至今已有 20 多年的发展历史。这 20 多年的发展历程大致可以划分为以下三个阶段。

第一阶段"经济全球化初期",是指 20 世纪 80 年代至 90 年代。改革开放后,中国政府认识到在一缺技术、二缺资金的情况下,中国汽车行业单凭自身力量短期内是不可能达到国际先进水平的,因此中国政府决定凭借中国优越的市场条件和劳动力成本优势来吸引跨国公司投资,从而通过合资合作等形式学习国外先进技术并逐步过渡到自主研发。由此,中国汽车行业在中国政府的领导下开始了一条前所未有的经济全球化发展之路。1983 年 5 月由北京汽车制造厂率先与美国 AMC 公司(后被克莱斯勒收购)合资,成立了第一家汽车中外合资企业——北京吉普汽车有限公司,拉开了中国汽车产业利用外资的序幕。1985 年 3 月,上海汽车厂与德国大众汽车公司设立上海大众汽车有限公司,广州汽车厂与法国标致公司成立广州标致汽车公司。这三家合资企业的成立标志中国汽车合资企业的发展进入到了经济全球化进程初期阶段。

第二阶段"经济全球化发展期",是指 20 世纪 90 年代初至 2001 年。1992 年中国确定的建立社会主义市场经济体制的目标掀起了改革开放的"第二春",政策的深化使得中国外商投资环境发生了根本性的改变,加上上海大众桑塔纳轿车的成功极大地提高了外商的投资热情,通用、本田、福特、日产、丰田等巨头纷至沓来。外商直接投资实现了中国汽车行业飞跃性的高速增长,从而使中国进入了经济全球化进程的发展期。

第三阶段"经济全球化深入期",是指 2001 年中国加入 WTO 之后至 2006 年。这段时期,中国汽车行业的政策发生了巨大改变。据 WTO 协议规定:入世后,一是降低关税和取消配额许可证。从 2002 年 1 月 1 日到 2006 年 7 月 1 日,5 年内轿车关税由 80% 降至 25%,零部件平均关税由 35% 降为 10%。二是开放汽车服务贸易。将对外开放汽车与零部件的国内销售、汽车进出口和分销服务、经营性运输公司、汽车分期付款和融资租赁、汽车生产性融资等服务贸易领域。三是取消国产化政策和降低对外资进入限制。中国政府不得再对本国汽车企业和来华投资的外资汽车企业规定整车生产的国产化比例，不能限制企业进口汽车零部件和关键部件进行组装整车，不得以外汇平衡或其他理由限制企业从国外进口零配件，不得以直接或间接方式要求外方转移技术，并放宽对外方投资的股权比例要求。四是降低对外资进入限制，特别鼓励外商对汽车关键零部件生产项目的投资。汽车整车制造项目属外商投资允许类，总投资不低于 20 亿元人民币，外资比例不高于 50%，同一外商在国内可建立两家生产同类整车产品的合资企业。部分类型发动机项目及汽车关键零部件则属于外商投资鼓励类，无外资股权比例限制，同时还延长了外商投资研发中心进口设备免税期。加入 WTO 为中国汽车合资企业发展提供了很好的机遇，中国的汽车合资企业由此迈向经济全球化进程的新阶段。

　　第四阶段"经济全球化自主成长期"，是指从 2006 年自主品牌的"觉醒"到迄今为止的一段时间。不可否认，在中国汽车企业这些年合资的发展道路上，外国汽车企业确实为我们带来了一些先进的技术和管理方式，零部件国产化进程也在逐渐提高。上海大众刚刚成立的时候，仅有轮胎、收音机、喇叭、天线和小标牌为中国生产，其他均为进口，但现在新桑塔纳的国产化率已经达到 94% 以上。然而人所共知的事实是，中国汽车工业缺乏自主品牌，甚至合资企业中汽车核心技术仍为外方掌握，国家每年仍要花费大量资金购买核心零部件。2006 年以来，中国政府逐渐意识到了中国汽车合资出现的这些严重问题，合资自主的概念开始出现，至今已经"蔚然成风"。但是，其中许多新成立合资公司利用建立合资自主品牌通过国家自主汽车项目审批，实际将外资的老旧平台拿来使用，只是微调几个参数，"挂着羊头卖狗肉"，此项政策反而成为外方利润链延伸的工具。同时，节能、环保、新能源等要求使得汽车核心技术门槛不断抬高，也给了中国汽车企业巨大的困难。未来中国汽车企业是能够扭转过去 20 多年中形成的外国汽车企业"反客为主"的局面，还是彻底丧失脚下最后一块生存的踏板——自主品牌，值得关注。

6.2　产业结构分析

　　随着经济全球化的深入，中国汽车行业的产业结构也发生了巨大改变，具体表现为：汽车产量剧增，轿车比重增加；汽车产品结构进一步合理；汽车行业企业规模尚小，产业组织结构较分散；市场集中度仍有待进一步改进；自主品牌异军突起并取得较大发展。

6.2.1　产量

　　在经济全球化的带动下，中国汽车市场开始高速增长，汽车生产能力比上世纪 70 年代末增长了几十倍，全国汽车年产量 1992 年首次超过 100 万辆，2000 年超过了 200 万辆。2001 年作为汽车产量的转折点，在接下来的五年时间里，中国汽车产销一直保持 10% 以上的增长速度，远远高于世界汽车工业的平均发展速度。

汽车工业"十一五"规划中提出："2010 年产销量达到 900 万辆"。汽车工业"十五"规划①中提出："2005 年,汽车产量为 320 万辆左右,其中轿车产量为 110 万辆左右,汽车工业增加值为 1 300 亿元,占国内生产总值 1% 左右,汽车产品基本满足国内市场需求。"而在 2002 年,中国汽车产量就达到 328.68 万辆,同比增长 40.39%,提前三年达到了"十五"规划的目标。2003 年,中国汽车产量是 444.4 万辆,同比增长 35.2%。在经历了连续两年的"井喷"之后,中国汽车工业明显回落,开始步入发展相对平稳的阶段。2004 年,中国汽车生产 507.05 万辆,同比增长了 14.2%,2005 年中国汽车生产 570.77 万辆,同比增长了 12.57%。从国内轿车的产量来看,1991 年轿车销量为 81 055 辆,而 2005 年达到了 2 767 722 辆,是 1991 年的 34 倍。轿车比例的增加反映了中国从卡车生产国向综合型汽车生产国转变的历程,也是跨国公司进入中国的必然结果,体现了国际汽车市场发展的主流。

表 6-1 1991～2011 年汽车产量表　　　　　　单位:辆

年份	汽车总计	底盘	载货汽车	客车	轿车
1991	708 820	122 873	452 023	175 742	81 055
1992	1 061 721	199 162	626 414	272 582	162 725
1993	1 296 778	171 769	774 868	292 213	229 697
1994	1 353 368	169 106	785 876	317 159	250 333
1995	1 452 737	162 713	721 822	405 454	325 461
1996	1 474 905	167 651	688 614	395 192	391 099
1997	1 582 628	178 644	659 318	435 615	487 695
1998	1 627 829	206 325	661 701	459 025	507 103
1999	1 831 596	229 113	756 312	509 179	566 105
2000	2 068 186	252 063	751 699	709 042	607 445
2001	2 341 528	317 946	803 076	834 927	703 525
2002	3 286 804	425 448	1 117 388	1 067 720	1 101 696
2003	4 443 686	379 952	1 229 601	1 195 210	2 018 875
2004	5 070 527	398 351	1 514 734	1 239 531	2 316 262
2005	5 707 688	381 183	1 509 893	1 430 073	2 767 722
2006	7 279 726	442 201	1 752 973	1 657 259	3 869 494
2007	8 882 456	558 673	2 157 335	1 927 433	4 797 688
2008	9 345 101	530 271	2 270 207	2 037 540	5 037 334
2009	13 790 994	596 657	3 049 170	3 270 630	7 471 194
2010	18 264 667	791 635	3 920 363	4 768 414	9 575 890
2011	18 418 876	637 157	2 898 046	4 746 156	10 137 517

① 中国经贸委行业规划司:《中国汽车工业"十五"规划》,载中国宏观经济信息网,http://www. macrochina. com. cn/zhzt/000080/001/20010627010561. shtmlml,2001 年 6 月。

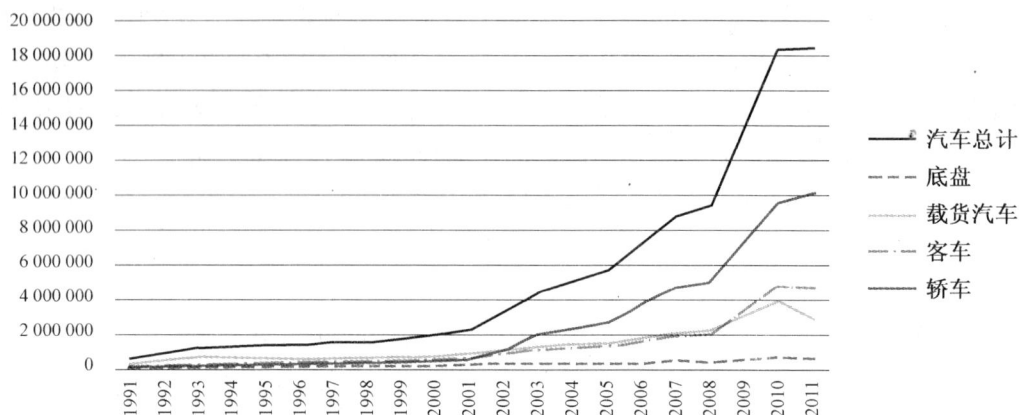

图6-1　1991～2011年汽车产量趋势图

注:(1) 2005年实行新的车型统计分类标准,为了保持历年资料的延续性,未按新标准统计;

　　(2) 货车包括货车、货车非完整车辆、半挂牵引车;客车包括客车、客车非完整车辆、交叉型乘用车、SUV、MPV;轿车指基本型乘用车;底盘数包括货车非完整车辆和客车非完整车辆。

数据来源:中国汽车工业协会行业信息部,《中国汽车工业年鉴》,1992～2012年。

6.2.2　产品结构

在发达国家尤其是汽车生产大国,乘用车占汽车总产量比重一般在70%以上。但在中国,由于长期以来人们一直把汽车看作生产资料,在汽车产量中,载货汽车所占比重很高。引进外资之前,中国汽车一直以中型载货车为主,被形象地描述为"缺轻少重无轿"。随着外商投资的大举进入,中国汽车行业产品结构得到了很大改善。表6-2为中国近20年内载货车、客车、乘用车产量构成变化。中国汽车产品结构更趋合理的基础上,汽车产品向节能和环保的方向发展。随着2005年油价上涨,环境保护呼声高涨,国家鼓励小排量汽车的消费等诸多因素影响,国内大部分乘用车生产企业纷纷把开发小排量经济型车作为今后新产品开发的一个重点。2005年国内大部分生产小排量乘用车的企业全年产销均大幅度增长,如天津一汽夏利、奇瑞、吉利和上汽通用五菱等产销增长均在40%以上,其中天津一汽夏利更是以全年19.3万辆的销量业绩夺得乘用车单一品牌销量冠军。

表6-2　1985～2011年载货车、客车、乘用车产量构成变化(%)

年份	汽车总计	载货车	客车	乘用车		
				小计	微型客车	轿车
1985	100.0	88.5	3.2	8.3	2.4	5.9
1990	100.0	68.2	8.6	23.2.	3.6	19.6
1995	100.0	49.3	11.5	39.3	10.6	28.7
2000	100.0	36.3	14.4	49.2	19.8	29.4
2001	100.0	34.3	14.7	51.0	21.0	30.0
2002	100.0	33.9	12.6	53.4	19.9	33.5

（续表）

年份	汽车总计	载货车	客车	乘用车		
				小计	微型客车	轿车
2003	100.0	27.7	10.5	61.8	15.3	46.5
2004	100.0	29.9	9.5	60.6	14.9	45.7
2005	100.0	26.5	10.8	62.7	14.2	48.5
2006	100.0	24.1	10.2	65.7	12.6	53.2
2007	100.0	24.3	10.5	65.2	11.2	54.0
2008	100.0	24.3	10.5	65.2	11.3	53.9
2009	100.0	22.1	9.2	68.7	14.5	54.2
2010	100.0	21.5	12.2	66.3	13.9	52.4
2011	100.0	14.4	7.0	78.6	23.6	55.0

数据来源：中国汽车工业协会行业信息部，《中国汽车工业年鉴》，1986～2012 年。

6.2.3　企业规模

虽然中国汽车产量已跃居世界第三位，但目前只有上汽、一汽、东风三大汽车集团年产量超过 100 万，最多的是上汽集团，年产 150 万左右[①]。2005 年，年产超过 20 万的也就 7 家，这与跨国公司相比还有很大的差距。中国汽车工业的产业组织结构仍然是分散的，2004 年汽车整车生产企业就有 117 家，与国际汽车行业的产业组织结构相比，中国汽车生产企业的格局尚需要进一步整合。零部件企业由于为整车生产企业配套布点自成体系，加上条块分割的管制体制，使得零部件企业重复建设项目多，分散厂点多，而规模又较小，这与国际汽车企业采用的全球采购、系统开发、模块化供货的趋势反差很大。

表 6-3　2000～2011 年中国汽车企业数

年份	2000	2001	2002	2003	2004	2005	2006	2007	2008	2009	2010	2011
企业数	118	116	117	115	117	117	117	117	117	115	115	115

数据来源：中国汽车工业协会行业信息部：《中国汽车工业年鉴》，2001～2012 年。[②]

6.2.4　市场集中度

市场集中度是通过市场参与者的数量和参与程度来反映市场竞争和垄断程度的一个基本指标，它表示在特定的产业或市场中，卖者或买者具有怎样的相对规模结构，它与市场中

---

① 《上汽冲击世界 10 大汽车集团还有"两道槛"》，载中国商务信息网，http://www.ecchn.com/20071228ecnews32631119.html，2007 年 12 月 28 日。

② 自 1986 年起，全国汽车工业企业数中不含配套相关行业企业数，汽车配套相关企业统计不十分全面。

垄断力量的形成密切相关,因此,产业组织理论把市场集中度作为考察市场结构的首要因素。集中度越大说明市场的垄断程度越高。

进入 20 世纪 90 年代,外商在中国汽车产业投资主体发生了转化,即由原来港、澳、台侨商小规模投资,转变为跨国公司大规模投资,市场集中度有所提高。例如在 1999 年美国《财富》杂志公布的世界 500 强中,有 24 家主要制造汽车产品的公司和 27 家兼造汽车产品的公司,到 1997 年底已全部在中国建立了合资汽车厂,投资总额达 127.5 亿美元,占汽车产业外商投资总额的 62.6%,这些跨国公司在华投资规模大、技术水平高。在这些跨国企业的协助下,1999 年 13 家重点骨干企业生产集中度超过 90%,一汽、东风、上汽三家生产集中度达 44%,从而使其生产达到或接近了经济规模,进而促使中国汽车产业组织结构正在发生质变。

从图 6.2 可以看出,20 世纪 90 年代以来,中国汽车工业的市场集中度总体来说呈上升趋势,但与发达国家相比,中国汽车行业的集中度仍然较低。如日本汽车行业的 CR3[①] 为 80%,美国为 90%,法国和意大利基本是 100%。

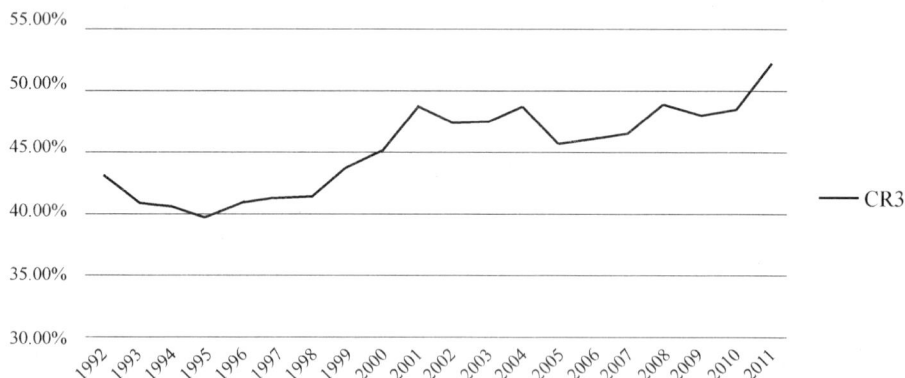

图 6‐2　1992~2011 年中国汽车行业的市场集中度 CR3 变化图

注:从 1993~2012 年《中国汽车工业年鉴》相关年份各厂商实际汽车销售量计算所得。

国务院《工业转型升级规划(2011~2015 年)》要求:"大力推动自主品牌发展,鼓励优势企业实施兼并重组,形成 3~5 家具有核心竞争力的大型汽车企业集团,前 10 强企业产业集中度达到 90%。"2011 年中国汽车总销售量约为 1 850.51 万辆,其中,销量前十名的企业(集团)共销售汽车 1 609.14 万辆,占汽车销售总量的 87.0%,占有率同比提高 0.7 个百分点。4 家汽车生产企业(集团)产销规模超过 200 万辆,其中上汽销量接近 400 万辆,达到 396.60 万辆,东风、一汽和长安分别达到 305.86 万辆、260.14 万辆和 200.85 万辆。上述 4 家企业(集团)2011 年共销售汽车 1 163.45 万辆,占汽车销售总量的 62.9%,市场占有率同比提高 0.8 个百分点。

---

①　CRn 为产业中最大的 n 个企业所占市场份额之和,其中,n 的取值取决于研究的需要,通常计算 CR3 或是 CR4。因为中国的上汽、一汽、东风三大汽车集团公司汽车产量占据中国绝大部分汽车市场,所以本书市场集中度取 CR3。

表 6-4 2009～2011 年中国汽车产销量前 10 位企业(集团)产销情况 单位:辆

企业名称	生产			销售		
	2011 年	2010 年	2009 年	2011 年	2010 年	2009 年
全国总计	18 418 876	18 264 667	13 790 994	18 505 114	18 061 936	13 644 794
上海汽车工业(集团)总公司	3 972 909	3 620 737	2 764 220	3 966 003	3 564 296	2 706 226
东风汽车公司(集团口径)	3 059 120	2 661 417	1 901 315	3 058 587	2 614 971	1 897 728
中国第一汽车集团公司	2 566 718	2 572 260	1 942 705	2 601 351	2 558 166	1 944 576
中国长安汽车集团股份有限公司	2 003 102	2 379 814	1 900 832	2 008 540	2 386 055	1 869 919
北京汽车集团有限公司	1 513 695	1 504 083	1 271 392	1 526 336	1 489 865	1 242 980
广州汽车工业集团有限公司	740 674	722 565	638 640	736 135	724 221	636 800
奇瑞汽车股份有限公司	637 423	691 924	508 567	641 715	682 060	500 303
华晨汽车集团控股有限公司	553 765	459 891	314 189	566 799	447 406	303 311
安徽江淮汽车股份有限公司	485 856	464 061	333 940	494 822	454 529	318 769
比亚迪汽车有限公司	449 425	521 232	427 732	448 807	519 806	448 397
前 10 位企业合计	15 982 687	15 597 984	12 003 532	16 049 095	15 441 375	11 869 009

数据来源:《中国汽车工业年鉴》,2010～2012 年。

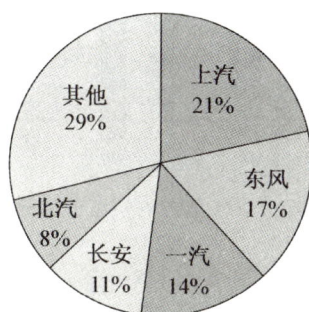

图 6-3 2011 年国内汽车销售市场占有率

6.2.5 自主品牌

从前表 6-4 可知,2011 年排名前 10 位的汽车工业企业(集团)分别是:上汽、东风、一汽、长安、北汽、广汽、奇瑞、华晨、江淮和比亚迪,共销售 16 049 095 辆,占全国汽车总销量的87%。尤其是一些自主品牌企业如奇瑞、比亚迪等,已经基本稳固在了销量前十位的"第一阵营"中,另外收购沃尔沃的吉利汽车以及近几年增势迅猛的长城汽车等也都销量上涨明显。同时,随着国家扶持自主品牌的决心和力度不断加大,各大车企都开始将自主品牌或合资品牌作为未来企业竞争的着重点,包括上汽荣威、广汽传祺等自主品牌也已开始取得不错的销售业绩。这不仅表明中国自主品牌在质量、服务、价格和品牌实力等方面有了较大的提升,也反映出消费者在购买心理上日趋理性以及对自主品牌的认知度不断加强。

　　2007 年的资料显示,自主品牌轿车共销售 103.33 万辆,占轿车销售总量的 27%。近年来,中国汽车企业不仅在国内市场取得了骄人的成绩,而且还将步伐迈向世界,踏上了海外销售、收购和建厂等道路。

　　例如中国汽车自主品牌的代表——奇瑞汽车。奇瑞汽车有限公司在海外的市场主要分为中东、非洲、亚太、独联体国家、北美和欧盟等几大区域,除奇瑞海外子公司外,已有 38 个国家 41 个总经销商销售奇瑞汽车,产品涵盖风云、旗云、QQ、东方之子以及瑞虎等全系列车型。进入 2011 年,随着全球汽车市场的复苏以及奇瑞海外生产基地产能的不断增加,奇瑞海外发展进入了新一轮高速增长轨道。到目前,奇瑞已成为中国最大的出口商,在全球有16 个生产基地,远销 80 多个国家和地区。奇瑞今年海外出口超过 16 万辆,和去年同期相比,国际业务增长了 73%。从 2003 年起,奇瑞就一直蝉联国内轿车出口冠军,目前出口量占据中国乘用车行业的半壁江山。在不断完善的全球市场战略布局中,奇瑞汽车加快了海外生产基地和海外营销网络的建设步伐。巴西生产基地的开工建设,委内瑞拉工厂的建成投产,将进一步提升奇瑞汽车海外本土化生产产品在出口总量中的比例。奇瑞汽车目前重点出口国是俄罗斯和东欧等国,"十二五"末期将实现出口到欧洲的目标。

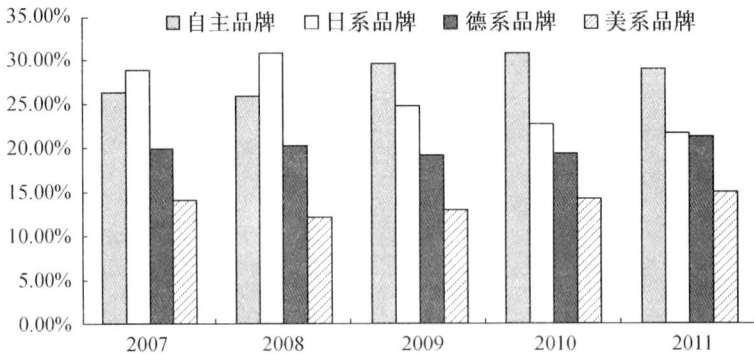

图 6 - 4　2007～2011 年国内轿车市场份额变化比较

6.3　技术进步分析

　　中国汽车合资企业的技术进步具有阶段性的特点,经历了组装引进、模仿改进、与外国直接投资相伴的技术引进等阶段,目前正向自主研发阶段转变。

　　20 世纪 80 年代初,由于中国的汽车市场规模尚小,跨国公司对中国市场前景信心不足,往往不愿意进行大的投资,因此大多数跨国公司采取的是以全散件组装或是半散件组装的方式在中国进行整车组装,当时的跨国汽车制造巨头的全球战略布局是将中国作为其处于衰退期的夕阳产品的转移市场进行开发。即便是在市场上长期处于主导地位的大众公司,也不愿意加大资金及技术的投入。虽然桑塔纳轿车几乎占国内同档轿车 100% 的市场份额,但从 1983 年到 1999 年 16 年间,第一代桑塔纳一直是上海大众的主要产品,车型一直保持不变。

　　当时国内汽车产业技术积累薄弱,缺少先进技术的吸收能力,大部分原材料和零部件必须进口,生产基本上是进行劳动密集型的总装,技术进步处于对进口成熟产品的装配技能和基本生产能力的领悟式学习阶段。(朱忠明,2007)在 1981 至 1990 年间,全国以这种方式引进汽车技术 170 余项。其中,引进的整车制造技术有斯太尔重型系列车型、依维柯轻型系列车型等共计 21 项;引进的汽车总成制造技术,有美国的康明斯 N·B 系列发动机、德国的 ZF 变速箱等 22 项;引进的关键零部件制造技术有日本三菱公司的汽车化油器、日本电装公司的电子式汽车仪表等共 66 项;产品及工艺咨询改进 12 项;计算机应用、工艺、装备等专项技术 51 项。(余婕,2002)

20 世纪 90 年代后与外国直接投资相伴的技术引进在中国汽车行业的技术进步中占据了主导地位。从技术学习的角度来看,通过外商直接投资的方式可以获得母公司技术、管理等知识,尤其是可以获得吸收技术所需的隐性知识;可以有效利用母公司的经营网络促进相关领域的技术转移;学习机会多、时间短、成本低。通过直接利用外资,中国汽车行业 1998 年引进技术 300 余项,其中,整车 26 项,发动机、变速器、车身等主要总成 25 项,零部件 3 项,工艺、研究开发等 79 项;300 余家汽车工业的重点企业,通过直接引进外资进行了技术改造。(赵英,2001)当然外商直接投资也有不利的地方,由于受跨国公司所有权的限制,它可能会阻碍被投资国技术学习的深化,影响技术创新能力的学习。

加入 WTO 后,中国的投资环境发生了巨大变化。2006 年 11 月国家发展和改革委员会发布了《利用外资"十一五"规划》,对"十一五"期间利用外资促进建立更加开放的自主创新体系方面明确提出了鼓励跨国公司在华设立研发机构的政策。[①] 2007 年 12 月,新的《外商投资产业指导目录(2007 年修订)》开始施行,同时《外商投资产业指导目录(2004 年修订)》废止。与以往集中在整车制造领域所不同的是,此次新《目录》更加注重研发领域。

正是在一系列相关政策的大力支持和鼓励下,越来越多的跨国公司将研发基地转移到中国。跨国公司在华研发能力反映了其在中国合资企业所实施的技术创新战略。自 2002 年以来,中国汽车合资企业都加大了研发的力度,但研发的方式不同。有的体现在推出新的车型,如通用的君越、奔驰的 E 级、福特的福克斯等。尤其是上海通用推出的君越,它就是一款基于通用全球研发平台、自主研发的、拥有知识产权的新车型。而有的则体现在对以往车型的改款,如大众汽车的 2007 款奥迪 A6L、广州本田的 2006 款雅阁等。

目前,通用汽车和大众汽车在华具有较强的自主研发能力,研究活动达到国内领先水平及国际先进水平,而其他汽车合资企业在华的研发仍然处于较低的层次,但正朝着研发中心向中国转移或者自主研发的方向发展。例如自 2005 年至今福特旗下的长安福特马自达整车厂、发动机厂,福特汽车工程研究公司,福特汽车采购中心等公司已全面进驻中国南京,开始它在中国的研发及全面发展之路。

6.4　行业管制与法律环境分析

计划经济时期,国家对汽车产业的发展实行严格的计划管理,政府配置资源,并实行价

---

① 国家发展和改革委员会:《利用外资"十一五"规划》,载《中国投资指南》,http://www.fdi.gov.cn/pub/FDI/zcfg/law_ch_info.jsp? docid=66233,2006 年 11 月 10 日。

格管制政策,国有企业垄断汽车工业,并有严格的产品分工,企业间的竞争被严格限制在非常有限的范围。转轨经济时期,中国政府逐步开放产业并放松管制,但仍沿用许多计划经济条件下的管理手段和方式,如项目的行政审批、产品的目录管理和价格管制等,产业政策在总体思路、目标、体系、内容和手段方式等各个方面都带有很多计划经济的痕迹,并严重滞后,不能适应产业发展客观规律的要求。地方保护和部门分割使产业政策的目标实现缺乏有效的产业组织手段,外资的进入受到各种条件的约束,而民营资本的进入面临着更高的政策性壁垒,尤其是整车项目始终被排斥在外,民营资本在政府严格项目审批和目录管理的情况下,发展空间极其狭窄。在政府严格管制、过度行政干预的情况下,产业内优胜劣汰、公平竞争的市场环境的形成受到限制。长期以来,中国实行汽车贸易的管制政策,高关税一直是中国政府保护国内汽车工业的重要手段,并对整车进口实行配额和许可证管理。(池海,2005)

　　20 世纪 90 年代,中国政府对汽车企业的重组由行政干预变为政策引导,国家不断强化汽车产业的宏观管理。20 世纪 90 年代初,中国政府察觉到 CKD 和 SKD 两种方式在国内形成了大量进口汽车的灰色市场,对民族汽车工业造成了冲击。为了免受国外汽车的严重冲击,同时提高中国汽车零部件的生产技术水平,1994 年国家颁布了《汽车工业产业政策》,以扼制“散、乱、小”现象的发展,并使骨干企业得到较快发展。该政策主要对外资进行限制,规定三年之内不批整车项目,三年之后新开整车项目,国产化率必须在 60% 以上。该政策首先明确无误地表示了中国政府高度重视并决心发展和保护汽车工业的政策;其次通过对“生产汽车、摩托车整车和发动机产品的中外合资、合作企业的中方所占股份比例不得低于50%”[①]的规定确定了中国汽车工业的发展方向应是“本国汽车工业”,由此大大加强了中国汽车工业吸引国外投资的特定区位优势。《汽车工业产业政策》颁布后,世界汽车业各大跨国公司纷纷造访,寻求进入中国汽车工业市场的机会,同时汽车业引进外资的数量和质量也有了跨越式的增长。但是进口汽车关税仍维持较高水平,到中国正式加入世贸组织之前,整车平均税率为 56%,其中轿车税率为 70%～80%,关键零部件的最高税率为 50%,底盘和零部件的平均税率为 28%,汽车总体平均税率为 39%。(林九江,2000)

　　随着中国加入 WTO,政府的一些保护性政策逐渐取消或修改。尤其是 1994 年颁布实施的《汽车工业产业政策》中的许多规定与中国加入 WTO 的有关承诺相冲突,与中国汽车工业发展的实际情况不相适应。为适应不断完善社会主义市场经济体制的要求以及加入世贸组织后国内外汽车产业发展的新形势,推进汽车产业结构调整和升级,全面提高汽车产业国际竞争力,满足消费者对汽车产品日益增长的需求,促进汽车产业健康发展,国家发展和改革委员会于 2004 年 5 月颁布了《汽车产业发展政策》[②]。从其细则可以看出:(1)限制新进入者以提高行业集中度的目的十分明显,并明确指出这种产业组织调整可通过三种方式推动。鼓励汽车企业以重组方式建立大型企业集团。新《汽车产业发展政策》首次明确了

---

① 汽车工业产业政策,http://www.china.com.cn/chinese/zhuanti/fbss.583597.htm。
② 国家发展和改革委员会:《汽车产业发展政策》,载国家发改委网,www.sdpc.gov.cn,2004 年 5 月 21 日。

"大型汽车企业集团"。(2)提高汽车行业投资门槛,建立汽车整车和摩托车行业退出机制,限制汽车投资过量。(3)提出国内汽车业近年的政策目标,即中国汽车工业要在 2010 年发展为国民经济的支柱产业,届时中国要成为世界主要汽车制造国,产品满足大部分国内需求,并批量进入国际市场。这些政策表明了政府支持汽车业发展的鲜明态度。同时,《汽车产业发展政策》在推动汽车消费、鼓励汽车企业自主开发、推动汽车生产商本土采购和注重与关联产业协调发展等方面都有较为详细的规定。(孙宏岭,2005)

在《汽车产业发展政策》的推动下,随后的几年里中国又纷纷出台了多个汽车行业政策。2005 年出台了《汽车产品自动进口许可证签发管理实施细则》、《汽车贸易政策》、《汽车品牌销售管理办法》、《乘用车燃料消耗量限值》、《构成整车特征的汽车零部件进口管理办法》、《二手车流通管理办法》、《汽车产品外部标识管理办法》、《机动车维修管理规定》、《车辆购置税征收管理办法》等;2006 年按照加入 WTO 后的标准,汽车进口关税降到了 25％,出台《关于鼓励发展节能环保型小排量汽车的意见》、《汽车消费税》、《二手车交易规范》、《机动车交通事故责任强制保险条例》、《汽车产品回收利用技术政策》、《汽车工业结构调整意见》、新增 9 种零部件认证实施等,并发布《汽车侧面碰撞的乘员保护》及《乘用车后碰撞燃油系统安全要求》两项强制性国家标准。[1] 2007 年发布了《机动车交通事故快速处理办法》、《新能源汽车生产准入管理规则》;公布了第二批乘用车的燃料消耗量,其中不符合标准的有 444 个车型,涉及 55 家生产企业,不符合标准的车型将停止生产,并在全国范围内开始实施内机动车排放的国Ⅲ标准等[2]。在这些产业政策的推动下,中国汽车行业的发展日益规范,并且逐步实现与国际接轨,这为中国汽车合资企业的发展创造了有利条件。

除此之外,在吸引外资方面,不仅各省市提出了招商引资的优惠政策,而且中国政府也制定了相应的法律法规。例如 2006 年 11 月国家发展和改革委员会发布了《利用外资"十一五"规划》,对"十一五"期间利用外资促进建立更加开放的自主创新体系方面明确提出了鼓励跨国公司在华设立研发机构的政策,政策内容为:制定并发布引导外商特别是大型跨国公司把高端加工制造环节、研发机构转移到我国的综合性鼓励政策,鼓励跨国公司来华设立生产制造、配套、服务和培训基地,制定鼓励外商投资企业联合国内企业进行研发合作的配套政策,更好地发挥外商投资企业的技术溢出效应。[3] 2007 年 12 月,新的《外商投资产业指导目录(2007 年修订)》开始施行,同时《外商投资产业指导目录(2004 年修订)》废止。与以往集中在整车制造领域所不同的是,此次新《目录》更加注重研发领域。新《目录》在汽车整车制造方面再度申明外商的投资比例不高于 50％,明确鼓励外商进入汽车整车及发动机的研发机构建设,并增加了鼓励外商进入轻量化与环保材料制造、汽车报废处理设备开发与制造等内容。在汽车发动机制造方面,还增加了鼓励外商投资"发动机再生制造"的内容,并且首

---

① 《一年来影响汽车产业的十大政策》,载《中国汽车报》,http://auto.sina.com.cn/news/2006 - 12 - 19/1124239627.shtml,2006 年 12 月 19 日。

② 《回望 2007 年十大政策　关注 2008 年汽车业十大趋势》,载中国发展门户网,http://cn.chinagate.com.cn/economics/2007 - 12/19/content_9400188_3.htm,2007 年 12 月 19 日。

③ 国家发展和改革委员会:《利用外资"十一五"规划》,载《中国投资指南》,http://www.fdi.gov.cn/pub/FDI/zcfg/law_ch_info.jsp? docid＝66233,2006 年 11 月 10 日。

次明确鼓励 4 类发动机的制造与研发,包括升功率不低于 50 千瓦的汽油发动机、升功率不低于 40 千瓦的排量 3 升以下柴油发动机、升功率不低于 30 千瓦的排量 3 升以上柴油发动机、燃料电池和混合燃料等新能源发动机制造。在汽车关键零部件制造方面,增加了鼓励关键技术研发的内容。而在汽车电子装置制造领域,对近期业内高度关注的新能源动力作了限制,明确规定动力电池(镍氢和锂离子)及控制系统只能以"限于合资"的方式投资。[①] 相信在这些政策法规的鼓励下,中国汽车合资企业在整个行业发展中将发挥越来越重要的作用。

6.5 总体雇佣情况分析

1990 年以来,汽车行业从业人员数量基本稳定,1998 年开始有所下降,而在 2001 年中国加入 WTO 后,汽车行业年产销量逐年大幅增长,汽车工业从业人员数量有所回升但并不明显,其中技术人员所占的百分比上升缓慢见表 6-5、图 6-6 所示。目前,中国汽车行业中的人员雇佣状况与新产品投放市场的速度不成比例,与行业目前以引进产品为主、自主开发能力不强的现状相吻合。但是随着汽车市场的快速增长,汽车产业规模的快速扩大和汽车作为支柱产业的地位逐步确立,汽车人才的需求也将达到高峰。"十一五"期间,中国汽车行业才真正开始参与国际化的竞争,而竞争焦点将是人才的竞争。《中国汽车人才发展战略研究》课题报告预测:中国汽车产业职工人数 2010 年将达到 356.87 万人,2015 年将突破 500 万人大关,到 2020 年将达到 776.23 万人,平均年增长率为 10% 左右,而现阶段汽车人才的缺口就达到了 50 万。(盛敬、杨军平、刘国满,2007)

表 6-5   1994~2011 年汽车工业职工人数及分类构成   单位:万人

年份	年末职工人数(A)	工程技术人员(B)	工程技术人员占职工总数比例(B/A),%	其中:				
				汽车	改装汽车	摩托车	发动机	配件
1994	196.9	16.8	8.5	64.7	30.8	15.2	10.9	75.3
1995	195.3	16.6	8.5	63.2	28.7	14.8	11.6	77.0
1996	195.1	16.7	8.6	62.2	28.8	16.9	11.3	75.9
1997	197.8	17.1	8.6	63.0	29.6	16.4	9.8	79.0
1998	196.3	16.9	8.6	63.2	29.2	18.9	9.1	75.9
1999	180.7	16.9	9.4	55.5	25.5	19.6	7.1	73.0
2000	178.1	16.4	9.2	60.0	27.3	18.1	7.2	65.6
2001	150.6	15.6	10.4	50.7	21.3	13.4	5.1	60.0
2002	157.0	16.8	10.7	53.3	22.6	13.6	5.4	62.1

---

① 《新外商投资目录鼓励投资汽车研发领域》,载徐州汽车网,http://www.xzqc.net/HTML/news/news/20071217084500011744.shtml,2007 年 12 月 17 日。

（续表）

年份	年末职工人数（A）	工程技术人员（B）	工程技术人员占职工总数比例（B/A），%	其中：				
				汽车	改装汽车	摩托车	发动机	配件
2003	160.5	17.3	10.8	54.3	21.2	13.7	5.6	65.7
2004	169.3	20.0	11.8	56.1	20.1	15.4	5.0	72.7
2005	166.9	19.3	11.6	51.9	15.6	13.2	6.7	79.3
2006	185.5	22.0	11.9	52.7	17.2	13.2	7.6	94.9
2007	204.1	24.5	12.0	62.9	18.3	14	7.9	101
2008	209.4	25.4	12.1	67.5	18.1	14	7.9	101.9
2009	216.5	26.7	12.3	71.4	20.2	12.2	8.2	104.4
2010	220.3	31.1	14.1	74.9	18.2	11.6	8.1	107.4
2011	241.7	35.5	14.7	99.4	18.1	9.6	9.1	105.4

注：自 2000 年起，年末职工人数及分类数为年末从业人员数，由于四舍五入，造成分项合计数与总数略有差异。

数据来源：中国汽车工业协会行业信息部，《中国汽车工业年鉴》，1995～2012 年。

　　总体而言，中国汽车行业目前面临着人才匮乏的局面，通过图 6-3 可以看出技术人员在总职工中比例非常低，尤其是高级工程师、高级技术人员极度缺乏。在中国汽车行业职工中，共有 55% 的人在就业前接受过除学校教育之外的职业培训或就业培训，这 55% 的人中，又有 85% 的职工是以 1～6 个月的短期在岗培训为主，而短期培训又主要集中于工龄短、年纪轻的新职工。（任丹，2007）目前中国汽车行业人才现状存在四个突出问题：一是缺乏领军人才，尤其是既懂现代汽车技术又懂现代管理的人才匮乏；二是缺乏交叉学科的复合型人才，汽车作为多学科交叉的高科技产品，需要机械、电子、材料、能源、环境、美学等学科的复合型人才；三是汽车营销、售后服务、汽车市场等汽车产业人才远远不能满足汽车业发展；四是汽车人才国际化程度低，不能满足经济全球化的要求。（全国商会培训部，2006）这些现象在各种类型的汽车企业都存在，汽车合资企业也不例外。

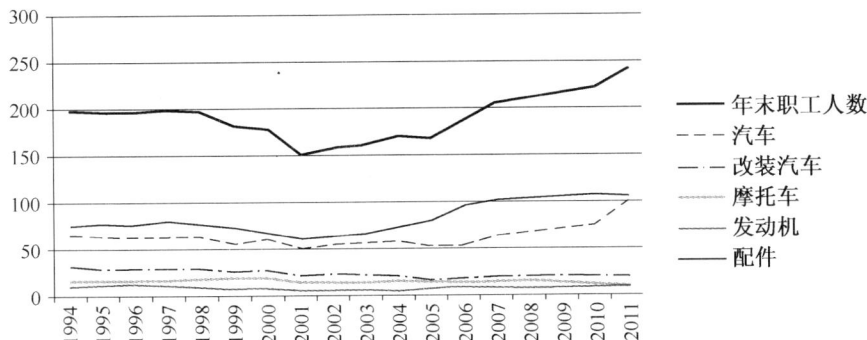

图 6-5　汽车工业职工人数和分类构成趋势图　单位：万人

数据来源：中国汽车工业协会行业信息部，《中国汽车工业年鉴》，1995～2012 年。

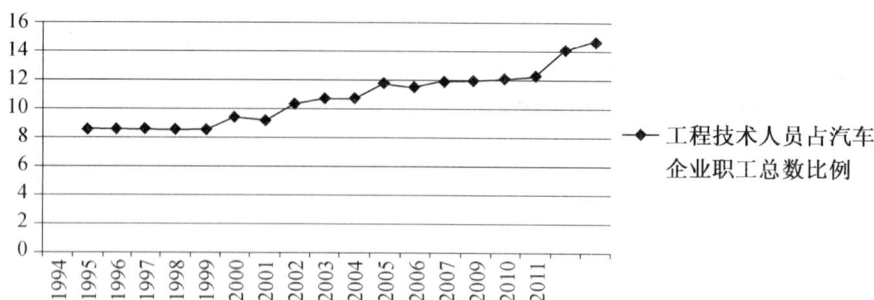

图 6-6　技术人员占总职工数的比例

6.6　结论

自 1983 年第一家汽车中外合资企业——北京吉普汽车有限公司成立至今,中国汽车产业走过了一条不同寻常的发展道路。在上个世纪 80 年代之前,中国汽车行业是在完全封闭的状态下按照"自主开发、自主生产、自主销售与自主发展"的模式发展了 30 多年。而随着改革开放政策的实施,国门打开,经济全球化对于中国汽车行业带来的冲击日益激烈,尤其是在中国于 2001 年加入 WTO 之后,这种冲击深刻影响了中国汽车行业的方方面面,并进而带来雇佣关系的深刻变革。本章基于第四章所提出的"经济全球化背景下对中国汽车合资企业雇佣关系的分析框架",着重从四个方面探讨经济全球化对于中国汽车合资企业雇佣关系外部环境的影响:产业结构、技术进步、行业管制与法律环境、总体的雇佣情况。通过分析我们发现,在过去的 20 年中,中国汽车行业的产业结构发生了巨大变化,其中汽车产量剧增,轿车比重增加;汽车产品结构进一步合理;汽车企业规模尚小,产业组织结构较分散;市场集中度有所提高,仍需改进;自主品牌异军突起,并取得较大发展。而中国汽车合资企业在经济全球化进程中的技术进步具有阶段性的特点,经历了组装引进、模仿改进阶段,与外国直接投资相伴的技术引进阶段,目前正向自主研发阶段转化。而政府在中国汽车行业中所扮演的角色也由过去计划经济时期的行政干预变为政策引导,并且通过汽车产业政策等手段进行宏观调控,为中国汽车合资企业的发展创造了有利条件。上述这些因素对于中国汽车合资企业的雇佣关系实践均产生影响,从总体上看,汽车合资企业的雇佣水平相较于过去有了长足的发展,但是与其发展水平以及未来还存在差距,人才结构性的矛盾仍然突出。

第七章　中国汽车合资企业雇佣关系内部影响因素变化

7.1　案例企业说明

中国汽车行业历经了巨大的变化和结构调整,特别是轿车产业。几乎所有主要的跨国汽车制造商都已进驻中国,以期能够在这个快速成长的市场和行业中分享一杯羹。中国汽车行业发生了巨大变化,表现为许多方面,例如就业情况、薪资报酬、产业结构、产量、质量和行业管制等。而在这个行业领域中的中外合资企业,其雇佣关系几乎都受到了经济全球化的影响。然而,不同的公司所反映出来的被影响程度和表现是不同的,这种影响的程度和表现的差异主要是由于公司的产权结构、传统管理实践和公司股东各方的相对影响力引起。

在过去,中国汽车行业中传统几个主要制造商都是国有企业。而在过去的 20 年中,这几个主要的汽车制造商都与国外汽车制造商进行合资并经历结构调整,中国汽车行业中涌现出众多的中外合资企业,而这一现象恰恰也是汽车行业深入经济全球化进程的直接结果。为了解经济全球化对于中国汽车合资企业的雇佣关系究竟带来了怎样的影响,本书在历史回顾、文献研究的基础上,选取了两家企业进行实地深度访谈,并且通过比较进行案例分析。在本章的案例研究中,我们选择的两家企业①分别是"欧亚汽车公司"和"东亚汽车公司"。

7.1.1　"欧亚汽车公司"

"欧亚汽车公司"是一个由中国汽车制造商和欧洲汽车制造商组成的中国华东地区的合资企业(双方各持 50% 的股份),其中,中国汽车制造商是一家国有企业。由于合资双方在不同管理决策上的冲突等原因,该企业在过去几年中产能利用不足,欧洲汽车制造商于 2007 年 12 月 26 已宣布撤股,此举惊动了中国整个汽车行业。而与此同时,中国汽车行业中排名第二的另一家中欧合资企业由于销售旺盛,但却面临产能瓶颈,为尽快形成产能,避免重复建设,在完成对"欧亚汽车公司"的评估后,该中欧合资企业已经于 2008 年 4 月签署资产收购协议,并于 4 月 18 日正式成立该企业的南京生产基地,计划 2008 年中实现投产。该中欧合资企业在与新合作伙伴整合过程中及整合后的雇佣关系中值得研究的地方甚多。但是,本书研究的阶段为 2007 年 12 月以前,因此,文中所提"欧亚汽车公司"仍为原欧洲汽车制造商撤股前的合资企业。在合资期间,该欧洲合作伙伴引进了许多先进的制造管理模式,但是在管理上受其国有母公司影响较大,并在很大程度上维持过去那种计划和集中式的管理模式。

---

①　本章中采用的是两家企业的化名。

7.1.2 "东亚汽车公司"

"东亚汽车公司"由一家大型中国汽车制造商(占 25% 的股份)、一家国有投资公司(25% 股份)和一个东亚汽车制造商(50% 股份)(下面简称为"外资方")组成。"东亚汽车公司"在中国汽车市场上竞争力较强,并且多次进入中国轿车制造商前 10 名。该公司正在尝试将其生产扩展到乘用车市场的其他领域。

由上述两家案例企业的背景,我们可以明显地看出两家企业都是中国汽车行业在经济全球化进程中所直接产生的结果。但是,经济全球化对于这两家公司的雇佣实践是否都带来了影响? 这些影响究竟如何? 这些影响之间是否存在差异? 为此我们在这两家企业里展开了深入调研。

通过调研我们发现,两家案例企业的前身均为国有独资汽车企业。自从合资企业成立以后,双方的外方合作伙伴主要负责管理生产和技术,而中方合作伙伴则集中于内部管理以及与政府之间的协调。这两家企业的外方母公司都将先进的生产技术引进合资企业,在很大程度上提高了企业生产管理的质量和效率。诸如市场营销、会计、人力资源和客户关系管理等领域,则被进行重新的结构调整,以适应中外双方的管理实践。为了使组织更加具有弹性和竞争力,两家合资企业均取消原国有独资企业体系中的许多原有部门,使组织日益扁平和简单。与此同时,企业对于员工的职责也给予了更多的界定。两家企业都引进了不同形式的团队工作,既带来装配生产线上工作实践的改变,又增加管理层和员工间的交流。除了上述这些变化之外,两家案例企业在雇佣关系实践方面也出现了有趣的转变。下面本书将按照工作组织、技能构成、薪酬政策、人员配置和公司治理等方面分别对这些变化进行分析。

7.2 工作组织

7.2.1 组织结构和分工

中国国有企业自 1978 年改革以来,其组织结构模式仍比较单一,主要采用行政式职能制组织结构,比起直线职能制结构,显得更加复杂和臃肿,不仅有企业直线人员和职能部门,而且附加了各种党群工作系统,可以说是直线职能制结构在中国的变形。除此之外,国有企业部门设置分散,职能交叉,分工不明确,组织管理效率低下。在跨国公司进入中国汽车行业之前,中国大多数国有汽车公司采用的主要是这种组织结构,这种高度集权、管理层次较多的结构模式严重阻碍了企业的发展。

在经济全球化的强烈冲击下,跨国汽车公司的进入给中国汽车行业带来巨大改变,合资后的汽车企业的组织结构和分工发生了很大变化。经过对两家汽车合资企业的调研,我们发现外资进入前,中国的汽车企业确实存在组织结构庞大、管理人员庞杂的特点,阻碍了企业的发展,而外资进入后,组织结构趋于扁平化,有效提高了企业的运作效率。例如"欧亚汽车公司",未合资前工厂采用的是小而全的传统组织设计,组织结构为:各个工厂厂长—厂长办公室—职能部门(质量科、检查科等 5 至 6 个科)—生产线。而成立"欧亚汽车公司"后,企业实施扁平化管理,整个企业采用直线职能制的组织结构,即董事会—总经理—副总经理(3名)—职能部门(人力资源部,财务部,生产部:发动机厂、变速机厂、车身厂、总装厂),下属各个工厂的办公室被取消,职能转移到企业层面,只保留一个厂长秘书。例如,总装厂(470人左右)的组织结构为:厂长—秘书、党办(还有党办秘书)—生产平台、技术平台、5个UTE。除此之外,未合资前企业在生产管理上实现的是全能型的管理,但是合资后"欧亚汽车公司"着重抓主营业务,将许多非核心业务和辅助业务逐渐剥离,实现外包。例如工厂的设备修理、化学品管理均按照国际上先进的做法实现了外包,从而提高了效率并且节约了成本。

"欧亚汽车公司"成立后不仅精简了组织结构,提高了组织运行效率,而且分工也更加明确。三位副总经理分管三个系统:(1)制造副经理来自欧洲,分管四个工厂(发动机厂、变速机厂、车身厂、总装厂)、采购部、制造部和工厂质量部。(2)技术工程副总也来自欧洲,分管工程部和产品质量部。(3)商务副总经理来自中方,过去负责销售和营销两个部门(约为165人),而现在销售和营销被分成4个部门,即市场部,负责市场分析、品牌推广、广告;销售管理部,负责东南西北四个大区和大客户部;售后服务及配件部;综合管理办公室,负责计划、采购、人员管理。对"东亚汽车公司"来说,未合资前公司的组织结构为1个厂长,10个副厂长,4个车间,每个车间又分4个部门,即生产、工艺、财务、销售。合资初期,外资方对合资企业只是抱着初步尝试的态度,派驻到中国的人员很少,当时的管理模式也比较陈旧,职责没有细分。随着产销量的增加,外方逐渐看到中国市场的潜力,重视程度日益加强,特别是在2002年一家大型国有汽车公司入股后,外资方逐步增加派驻人员,并且投入新的产品和技术。现在外资方派来的总经理在外国母公司基本上均为副社长级。三方合作后,企业主要采用外资方的管理模式,部门细分化,生产工艺化,财务规范化,且分工非常明确,公司的运营系统可以划分为四个部,各股东方根据自身的优势分管不同的平台运作:(1)生产平台,主要由外资方派驻的副总经理负责,该平台主要负责技术、生产管理、现场管理、产品研发、大合同谈判和技术引进等。(2)销售平台,销售总部位于中国最繁华的城市上海,该部门的工作主要由国有汽车公司派驻的副总经理负责,因为国有汽车公司在销售方面具有多年的国内市场经验和网络。该部门分为市场、销售、公关和售后四个分部。(3)企划平台,主要由外资方派驻的副总经理负责,该部门负责公司的战略规划。未来将接手现在属于生产部门管理的大合同谈判、技术引进职能,销售部门管理的销售策划、法律法规研究职能。(4)管理平台,基于中方在当地的地利、人和等条件,该部门主要由中方投资公司派驻的副总经理负责,负责财务部和管理部两个部门。管理部下分人力资源分部、培训分部、管理分部等七个分部。

尽管各个平台是由不同股东方派驻副总经理主管,但是每个平台中,各股东方仍然会派驻相应管理人员进行合作和监督。例如在财务部,有三个部长,东亚汽车制造商、国有汽车公司和国有投资公司各一名。国有投资公司派驻的部长主要负责与外资方在财务方面的协调,具体分为中方的成本核算、资金控制、税务管理三大内容;而其他两方派驻的部长则仅负责财务核算以进行监督。

7.2.2 管理职能

外资进入前,虽然中国汽车公司拥有各种职能,但是职能发挥的作用却是非常有限的,尤其是管理职能。随着经济全球化进程的深入,这种局限性日益明显并制约了汽车企业的发展。通过对两家案例汽车企业的比较,我们发现引进外资后合资企业都扩大并强化了管理职能。下面将分别以"欧亚汽车公司"和"东亚汽车公司"为例进行说明。

1."欧亚汽车公司"管理职能的变化

"欧亚汽车公司"扩张了人力资源(HR)部门职能,设立了产品质量部。

(1) HR部门职能的扩张

合资前,HR部门主要负责人员配置和绩效考核的工作,合资后,HR部门主要承担的工作广泛了很多,包括年度计划(工作目标)制定、企业组织规划(部门的职能分析、运行分析)、生产安全、环境保护、工厂保卫、医务、环保、人力资源(培训、薪酬等)。人力资源部经理下辖七个职能部门,即培训、职业规划、员工管理、组织管理、薪酬、保卫安全、医务、绩效考评。因为外资方提出组织结构的设置、目标计划均和人力资源有很强的联系,因此在HR部门增加了这些职能。另外,由于生产副总对当地情况不是非常熟悉,所以生产安全、环境保护、质量体系也属于HR管理。HR部门职能扩张后,2003年4月,"欧亚汽车公司"通过了中国质量认证中心对公司产品认证的质量管理体系和3C认证产品的现场评审;2003年8月,通过了中国汽车产品认证委员会对公司年度的质量体系运行的监督审核;2003年12月又通过了质量体系认证中心对公司环境/职业健康安全管理体系(ISO14000/OSHMS18000)的审核。

(2) 产品质量部的设立

合资前公司只有工厂质量部,而合资后"欧亚汽车公司"内部有两个质量部:一个是工厂质量部,负责对生产过程中的质量进行控制,零部件从进厂到装备到检验合格的过程,检查员都要以图纸为标准进行检查;另一个是产品质量部,它的质量检查不以图纸为标准,而是从用户的角度进行检查(检查员接受来自欧洲的培训,模拟从大部分用户的角度来评价产品质量)。产品质量部的设立是来自外资方的压力,合资对企业生产方式也有一定影响。

2."东亚汽车公司"管理职能的变化

对"东亚汽车公司"来说,在合资前公司管理分为三大系统:生产、销售和管理。随着公司规模的扩大和外资方的进入,各项职能不断细化、扩大、强化。近几年来,"东亚汽车公司"管理职能的主要变化是成立了管理部和企划部。

(1) 管理部的成立

管理部负责公司的后勤和保障,下设七个分部:安全分部、IT分部、管理分部、设施分部、总经理办公室、人力资源分部、培训分部。安全分部原属于生产平台,现划归为管理部;IT分部是2003年新增部门,负责ERP;管理分部,负责规章制度的制定,组织部门设计,合同管理(以公司制度为标准),组织例会以及监督例会决策的执行;人力资源分部主要负责招聘、培训、考核、晋升、调动、薪酬和奖惩以及公司制度制定,其中入职培训、技能培训等与培训分部配合共同完成;培训分部主要负责培训经费的申请,培训计划的制定。培训主要分为新员工的培训,转岗培训和销售培训。新员工的培训包括:公司规章制度,汽车工艺流程,行为规范如军训。另外根据各分部的特点进行针对性的培训,如 CAD 培训、韩语培训、技术培训、上网培训、公共知识培训。2003 年前没有部长培训计划,2004 年开始有部长学习班及培训讲座。

（2）企划部的成立

原来公司也有企划职能,只是分散在生产、销售和管理三大系统中,现在为了进一步强化企划职能,将企划部独立出来成立新的管理系统。企划部成立于 2004 年 6 月,其主要职能是:① 公司中长期规划;② 国内、国际市场分析;③ 新工厂策划;④ 经营计划。企划部又分经营战略和事业计划（经营计划）两个分部,经营战略部重点是负责企业的长期发展;事业计划部的职能主要是年度计划的编制和统筹执行。与同类企业相比,"东亚汽车公司"在这方面的改革起步较晚,虽然"东亚汽车公司"组织结构改进的周期短、频率快,但与许多国内同类企业相比还有一定差距。

7.2.3　技术引入

在中国汽车行业全球化发展的初期,中国政府为了振兴中国汽车行业采用以"市场换技术"的战略,在随后的几十年里也一直提倡引进技术发展自主品牌,由此可见技术引入在中国汽车行业的发展过程中起着举足轻重的作用。通过对两家汽车合资企业的调研我们也发现了这一点。

对"欧亚汽车公司"来说,最大的技术引入莫过于对外资方的 UTE（基础工艺单位,也称为乌代）生产方式的引入。工厂原来的组织结构为厂长—厂长办公室—科室—车间。引入UTE 后,科室取消,只有生产平台、技术平台,车间取消,改为 UTE。生产以 UTE 进行组织,在生产车间,一条 U 字型的生产线,过去在中方汽车公司是将其作为一个车间处理;现在根据 U 字型曲线的不同工艺分成三段,即 3 个 UTE。每个 UTE 分别配备 UTE 主任、物料员、现场工程师、工人。该 UTE 中的所有资源由 UTE 主任统一调配,每个 UTE 主任都有现场物料管理人员协助其调配资源。此外,UTE 上面还设有两个生产、技术平台,从资源上支持 UTE 的运行。这样使得每个 UTE 在现场发现问题,解决问题。采用了 UTE 这一方式之后,质量上有了极大的提高,从车间管理到今天的 UTE 管理,工艺的增加和人员的增加,使得成本也有所提高,但是相对于质量的提高,这一成本的增加仍然相对较小。

除了引入 UTE 外,"欧亚汽车公司"还引入 ERP 系统,以实现物流与财务的集成,后来还延伸到了商务系统,给组织带来了很大的改变并提高了效率。

在"东亚汽车公司"合资前,公司产量少、质量差,生产车间一片狼藉。合资后外资方开始时并没有对合资企业给予足够的重视,随着产销量的增加,外资方认识到了中国的潜力,为了增加产量和销量,派遣了更多的外方管理人员和技术专家到合资企业。不断采用和改进新技术,例如从外资方引进了 AS400,这是一个关于供应链管理的 ERP 系统（此系统不包含人力资源功能）,而且还从外资方本土带来了很多订制的零部件制造商,通过采用精益生产的方式,零部件在两个小时内就可以供应进来。现在合资企业的产销量提高了,生产环境改善了,企业在产销量、生产环境等方面与外资方母公司一样先进。

7.2.4　团队合作

汽车行业是劳动密集型产业,团队合作不可或缺,特别是生产领域,流水线作业方式决定了必须加强团队作业,因此这种团队工作方式在任何一个汽车企业中都是必需的。在两家案例企业的调研中我们发现,外资进入前的中国汽车企业并不重视团队合作。例如"欧亚汽车公司"合资前,各工厂多是各人"自扫门前雪",更多地采用专人专项的方式而很少有团队合作。合资后,团队合作在管理层、主管层和技术层都有所体现,特别是管理部门,团队工作非常多,很多大的项目通过矩阵的方式运作,针对不同的问题成立不同的临时团队,当问题解决后团队也就解散。在"东亚汽车公司"合资成立前,中外双方的接触尚属磨合期,因此团队合作没有实质的进展。合资以后,虽然中外两方在管理理念上还存在一些冲突,但是由于双方的目标(赢利)是明确和一致的,因此他们非常重视团队合作精神,企业团队合作情况也比较好。例如销售部门和生产部门之间达成有效沟通和良好配合,再如生产员工有技改临时小组,由生产、技术、设施、工艺人员参与解决技术改造和改进问题等。管理部还提出2005年建成全企业团队建设标杆的目标,以此来带动企业全体员工的团队建设。

团队合作的优势是使成员更能发挥个人的长处,加快解决问题的速度,加快创新,进而加快汽车企业前进的步伐。

7.2.5　工作时间安排和灵活性的变化

根据《劳动法》的规定,劳动者每日工作时间不超过八小时。这个标准很多汽车企业都是遵守的,但是不同企业对工作时间有不同的安排。例如"欧亚汽车公司"因为企业位于南京较为偏远的江宁开发区,员工上下班花费在路上的时间较长,所以每天实际工作7个半小时,具体时间安排为:8:45至17:15。根据企业的生产计划安排,员工的工作时间也有灵活性的安排,如增加班次,有三班(8:00至16:00,16:00至2:00,2:00至8:00),或者两班(8:00至16:00,16:00至24:00)的工作安排,或者如在2004年4月份根据生产任务一天工作9个小时,付一个小时加班费。

工厂基本上是根据产量来安排时间,工人没有很大的选择性。例如发动机厂,由于采用的是订单制的生产安排,所以有订单就上班,没有订单就预休。预休是指预先休息而工资不受影响,但如果以后任务紧急需要加班,加班不给予加班费。"预休"这种形式的采用与否完全取决于市场。

相对而言,"东亚汽车公司"的工作时间安排则较为稳定,其工作时间也符合中国劳动法的要求。工作时间安排为:07:30至16:30;中午12:00至13:00休息一小时,如果夏日室外温度35度以上,午休为2小时,企业提供免费午餐,每周周六、周日休息。工人的作息时间分为两班制,白班按照正常工作时间排班,晚班时间为18:30至03:30,白、晚两班中间间隔两小时用于设备与机械的检查,以及不合格产品的返修。工人加班还有加班工资,加班工资是正常工资的1.5倍,所以工人都乐意加班。因此,有了加班工资,"东亚汽车公司"员工的收入比"欧亚汽车公司"要高。

虽然两家企业的工作时间都比较符合中国劳动法要求,但是由于厂址、汽车产量、市场占有率等因素不同,每个企业对时间的安排也就不同,对加班的理解也不同。

在过去的 8 年中,"欧亚汽车公司"的工作组织有明显的改变。欧洲母公司将其新的生产体系引入到合资企业的生产线中,不仅改进了技术流程,而且还带来了更加详细的工作职能和说明。该企业也将许多非核心部门进行外包,诸如设备维修、化学品管理。"欧亚汽车公司"建立了更加扁平的管理结构,仅拥有几个管理层级,使得各个 UTE 的沟通变得更加有效,这不仅是组织结构重组带来的结果,也是由于外国母公司引进现代信息技术的结果。根据《劳动法》,员工每天工作时间不能超过 8 小时,每周工作时间不能超过 44 小时。然而为了适应轮岗制,"欧亚汽车公司"把工作时间变得更加灵活,但是许多工人的工作时数仍超过了法律的限定。

相反,"东亚汽车公司"的员工时间是符合《劳动法》要求的,而且企业还给予员工加班的机会以增加他们的收入。近年来"东亚汽车公司"的组织结构很简化,工作职责也很明确。但在合作伙伴进入之前,中方汽车企业却有着非常庞大的层级组织结构。外方母公司认识到中国的潜力,为了增加产量和销量,派遣了更多的外方管理人员和技术专家到合资企业。不仅不断采用和改进新技术,而且还引入了更加严格的管理方法,使得工人的纪律更加严明,有效地提高了组织效率。但是这些方法在一定程度上也减少了工人的自由和独立性。

7.3　技能构成

在经济全球化的浪潮下,越来越多的汽车跨国公司进驻中国,使得中国汽车的产业结构发生了巨大变化,各个汽车企业之间的竞争日益激烈,而高等技术人员、管理人员缺乏和工人技术水平低已成为制约各大汽车企业发展的瓶颈。很多汽车企业为提高企业的竞争力,对员工的技能要求不断提高,主要表现在以下几方面。

7.3.1　进厂有技能要求

汽车行业是一个技术密集型的行业,工人需要一定的专业背景才能胜任。经过对两家合资企业的调研发现,他们对一般工人进厂前的技能要求基本上是一致的,即需要技术背景。例如"欧亚汽车公司"对一般工人的专业背景要求是专业对口,这些工人主要从技校、大专学校、劳务公司等选拔。为了培养适合企业的员工,"欧亚汽车公司"还与一些技校之间建立良好的合作关系,例如技校在招人时会挂上企业的名字;技校上汽车装配课程时会将"欧亚汽车公司"的有关技术内容穿插其中,使学生尽早了解认识企业;学生毕业时,"欧亚汽车公司"可以从中择优录取。

而"东亚汽车公司"对管理人员和一般工人的招聘是分开进行的。一般工人的招聘主要来自于职业技术学校。对一般工人例如车间工人的技能要求是首先必须具备技术理论基础,接着必须通过企业的体能测试,身高、体重符合要求才可录用为企业员工,然后企业根据其身体特征确定岗位,对其进行岗位培训进而定岗。而对管理人员的招聘主要采取竞聘和外聘的方式,且要求比较高。管理人员有专门的晋升制度,考虑内容包括学历、工作考核和实践等方面。员工可以自己提出申请,由部门推荐来竞聘中层以下管理人员的岗位,但是中层管理人员想要升到部长级以上的高级管理人员很难,而是由股东派出。

7.3.2   提供多种类型的培训

持续不断的职业培训是提高员工技能的重要手段。职业培训又称职业技能训练或就业训练,是指对准备就业或已经就业的人员进行技术知识和操作技能的教育和训练。(常凯,2005)在计划经济条件下,职业培训是一种由国家统包、以行政指令为导向的行政性培训工作,即培训目标、培训内容和培训要求完全由政府根据计划经济的要求确定,并由政府部门具体实施。企业的培训只是政府培训的分散和具体化,职业培训的主要方式是就业前的技工学校的教育和刚就业的青年工人的学徒制度。在市场经济条件下,就业竞争非常残酷,20世纪90年代出现了大批的工人下岗、失业的经济现象,1994年《劳动法》第一次明确规定了劳动者享有职业培训权并对培训的要求做了规定。这时劳动者的职业培训工作才得以发展,由此可见中国对劳动者的培训起点较晚。

随着中国经济的发展以及竞争的加剧,各大企业都积极开展员工的培训以提高技能,技术密集、资金密集和劳动力密集的汽车行业更是如此。我们通过对两家案例汽车企业的调研发现,这两家企业都非常重视员工的职业培训,但是各企业的培训类型不一。例如"欧亚汽车公司"对人员安排的总体原则是:人员配备少而精和一岗多能,因此企业非常注重对新进厂和进厂后的工人的培训,每年的培训费用都达到几百万人民币。并且"欧亚汽车公司"对工人的技能要求较高,不是为了培训而培训,而是根据需要进行有针对性的培训,如熟悉车型、装配培训等。具体来说,对工人的培训类型主要有以下几种:(1)上岗培训。上岗培训是强制性的,刚从学校出来的学生接受的是基础性教育,进入企业后,还要接受诸如安全培训、技能培训等。所有员工只有在上岗培训合格后才能被录用。(2)自愿培训。员工为了提高自身素质在工作之余接受培训,70%以上都是30岁以下的工人,自我发展的意识也比较强。(3)新车型生产装配培训。不同的车型所要求的技能有较大的差别。因此针对新上马的车型,就需要进行技能培训。(4)年度培训。上岗后,不仅UTE有培训计划,人事部也有全员培训计划。

"欧亚汽车公司"合资前只要求一人一能,合资后则鼓励一人多能。每年企业对工人会进行考核,一是为了检查其是否合格(不合格的淘汰),二是提高其职业素养以胜任更多的岗位。考核的内容包括应知应会、技能考试、UTE主任的评价。

以上主要是对工人的培训,重视的是技能的培训,除此之外,对经理层人员和管理人员也有相应的培训。对经理层人员主要重视管理理念方面的培训,每年都有"90小时"的经理层培训,主要由外培机构负责,如高校培训、社会咨询公司的培训、在集团公司的培训。对管理人员的培训不仅包括理念,还包括方法的培训。这里的管理人员针对的是纯管理工作人员、技术工作人员、白领人员如设计开发人员等。而高级管理人员还有与其他管理人员不同的培训,如到外资方的总部进行管理模式的培训,或是外资方派人到中国来指导。

对于"东亚汽车公司"来说,其培训类型比"欧亚汽车公司"少了些,但培训内容大体相当:(1)上岗培训。新员工上岗前,必须经过一个月的企业规章制度、操作和技能培训上岗。由于车间分工较细,操作相对简单,对工人技能的要求不是很高。工人进厂一年后可以转正,如果技能突出,可以提前转正。(2)在岗培训。具体包括工人、销售人员、管理人员的培训。对工人的培训以专门的技能培训为主。比如在上新产品时,要求工人的技术水平相应提高。新技术的培训主要由外资方派技术人员来指导,待员工打好基础后再到外资方本土接受再培训。企业会根据工人的工作态度和技能调配不同的岗位。对销售人员的培训主要是对企业销售人员和经销商的培训,由销售部门举办。对管理人员的培训主要是对管理人员管理观念、管理技巧和知识的培训,例如"东亚汽车公司"与江苏大学合作开办了研究生进修班,所以很多员工愿意到"东亚汽车公司"工作的原因是不仅收入高,而且还能够提高自身能力。相比较而言,国有控股汽车企业这方面的培训较少。

总的来说,在过去的几年中员工的素质和技能得到了不断的提高,并且能够适应更多岗位的要求。

7.3.3　配合多种方式的激励措施

为了激发、鼓励员工提高技能,很多汽车企业都建立了技能与薪资或升职之间的联系。例如"欧亚汽车公司"每年一度的工人技能考核在年终奖、工资和岗位升迁上都会有所反映,除了物质奖励外,企业对于考核优秀的工人还有相应的精神激励。如工厂每月评出一名"月度之星","月度之星"不仅可以得到每月 1 000 元的奖金,而且还会将他们的照片放大放在厂门口。企业对工人的技术级别进行考核,达到一定的级别后会有相应的技术津贴。对于考核不合格的员工,会有岗位下浮或者不发奖金等惩罚方式。没有通过绩效考评的工人,"欧亚汽车公司"的做法是:不合格,培训,再不合格,换岗,换岗仍不能适应则辞退。年轻人一般愿意接受培训,而老工人则感到很大压力。

"东亚汽车公司"工人技能的提高也会带来相应的物质奖励或提升。工人的提升通道为工人—组长—班长—领班—经理,但是对于普通员工来说,在企业的上升空间是有限的,因为企业的高级管理人员全部为各股东的派驻人员。技能达不到要求的工人,第一次不合格要求其下岗培训,再考核后仍不合格就要求其转岗。另外,企业还鼓励员工不断地学习,并给予相应奖励。如员工在工作之余自学拿到学位,企业可以补贴学费的 50％ 以上;学会 50句韩语,月工资加 30 元;学会 100 句韩语,月工资加 50 元;通过英语 4 级,月工资加 200 元;通过英语 6 级,月工资加 400 元。这样的激励措施极大地调动了员工的积极性,不仅员工自身的人力资源储备提高了,而且部门的生产效率和产品质量也有了很大提高。

7.4　薪酬政策

薪酬是员工因向所在的组织提供劳动或劳务而获得的各种形式的酬劳。薪酬是劳动力价格的支付形式,在市场经济环境下同时又是人力资本竞争的价格表现。薪酬分为经济性薪酬(外在薪酬)与非经济性薪酬(内在薪酬)。经济性薪酬是指以物质形式存在的各种薪酬,它又分为直接薪酬与间接薪酬两大部分:一部分是直接薪酬,包括基本工资、奖金、津贴、加班费、佣金、利润分享、股权等;另一部分是间接薪酬,如各种福利。非经济性薪酬是指员工由于工作本身所获得的满足感,包括参与决策、较大的工作自主权、工作认可、挑战性工作、工作环境、工作氛围、个人发展机会、职业安全、荣誉等(颜爱民,2004),但是不同性质的企业的薪酬政策存在一定的差别。国有控股企业虽然薪酬体系在不断完善,但是仍受计划经济体制的影响,其薪酬体系制定的灵活性、变通性与中外合资企业还存在很大的差距。通过对"欧亚汽车公司"与"东亚汽车公司"的调研我们深刻体会到这一点。

　　"欧亚汽车公司"的中方合作伙伴是国有企业,尽管合资企业的欧洲合作伙伴引进了许多先进的制造管理模式,但是该企业仍然在中方集团公司的管理体制下运作。因此"欧亚汽车公司"的薪酬体系主要是按照国有控股企业的方式制定的。"欧亚汽车公司"与"东亚汽车公司"的工资体系的制定都是按照三级浮动工资结构,其组成是基础工资、职能工资、岗位工资以及绩效工资。中国政府从1985年起首次引入浮动工资制度作为国家工资体系改革的两套体系之一,以使不同结构的企业能够根据组织的需求和绩效调整他们的薪酬体系。(Zhu,Y. S. Fahey,1999)为了体现国有控股企业与中外合资企业薪酬政策的差异,本章主要从以下三个方面来阐述。

7.4.1　薪酬与绩效的关系

　　"欧亚汽车公司"的绩效考核对员工的基本工资影响不是很大,主要影响绩效奖金。绩效奖是企业根据每个UTE的总效率给予的一定额度的奖励,再由UTE根据考勤、质量、职位等因素进行内部分配。奖金在收入中的比重不确定,高的达700~800元/月,低的达100~200元/月。

　　而"东亚汽车公司"绩效考核和基本工资有很大关系。企业每个季度都对工人的技能、态度、产量和质量等方面进行绩效考核,考核结果分为优秀、良好、合格和基本合格四个等级,员工的基本工资会根据考核结果进行调整。例如2004年当考核结果为优秀时,工资则上浮15%;良好,则上浮10%;基本合格,下浮5%;2005年奖励力度和惩罚力度都有所增大,优秀时,工资上浮20%,基本合格,则下浮10%,考核结果一直维持到下次考核前。对管理人员的考核主要是从自我评估、上级评估、部门评估三方面来进行。

7.4.2　薪酬体系

1.　"欧亚汽车公司"薪酬体系

　　受中方国有企业的影响,"欧亚汽车公司"调整薪酬水平的能力是非常有限的。尽管每年人力资源部都想调整薪酬,希望提高工资,合理调整薪酬结构,但是集团公司政策的严格限制使得近几年工资几乎没有增长,而且"欧亚汽车公司"不同部门的管理人员的薪酬有显著的差别。

　　(1)基本蓝领工人:收入=基础工资+产量奖金+年终奖+项目奖。

　　基础工资。生产工人根据岗位评定工资,即不同岗位根据劳动强度、技能、环境等方面(每个方面有3个等级)进行评分从而确定等级。维修工人则根据等级来划分,可分为高级工、中级工、初级工。年资的差距基本上不存在。

　　产量奖金。主要分为平均奖和绩效奖,平均奖主要是根据产量计算得出的,如总装厂每人每生产一辆车,就有0.14元的奖金。

年终奖。员工的年终奖与产量并没有直接关系,而是基于每个 UTE 的总体绩效。蓝领工人的平均年终奖约为 1 200 元,白领工人是其两倍,而管理人员则是其三倍。

项目奖。是当项目成功完成后所获得的奖励。例如月产量提高、新产品成功投放、汽车生产下线 20 000 台时就会有项目奖。

2004 年上半年,员工人均收入 15 300 元/6 个月,职员是 18 000 元/6 个月,工人为 13 000 元/6 个月,这些数字包括保险、公积金等,实际可支配收入并不多,所以工人对工资并不是很满意。

(2) 工程技术人员和一般白领:收入=岗位工资制+(项目奖)+年终奖。

岗位工资制,根据岗位的不同确定级别,不同的级别确定不同的工资和奖金分配系数,这类人员平时没有奖金,但是有年终奖,绩效考评与年终奖、岗位级别挂钩。

(3) 高级管理人员:采用的是年薪制。年薪制是以年度为单位,依据企业的生产经营规模和经营业绩,确定并支付经营者年薪的分配方式。高级管理人员中中方的副总经理年薪是 12～13 万,外方副总经理年薪为 8 万欧元,而且外方副总经理每月还有 2 000 欧元的住房补贴等。

(4) 福利:"欧亚汽车公司"的福利做得很好。春节、中秋节、端午节都会发放 200 元的过节费;在住房方面,1998 年以前提供住房,1998 年以后提供住房补贴,并在员工购房时一次性发放,2003 年共发放 200 多万补贴,2004 年为 300 多万;除此之外,企业每天有免费的工作餐,还会组织职工旅游等。

2. "东亚汽车公司"薪酬体系

与之相反,"东亚汽车公司"采用市场化的薪酬体系,薪酬调整比较灵活、机动。近几年"东亚汽车公司"的业绩不断增长,企业的雇佣人数从 2005 年的 2 200 人增至 2006 年的 3 100 人,他们 2006 年的年工资比 2005 年增长了 27%。

(1) 工资

① 工人的工资:"东亚汽车公司"采取以岗定薪的方式确定工人的岗位工资,对于不同的岗位根据技术和强度分为 A+,A-,B,C 四个级别,2004 年 A+ 的岗位工资为每月 1 150 元,C 的岗位工资为 700 元,这一标准得到工人的认同;此外还有厂龄工资,一年 5 元,10 年之后就不再增加;除此之外还有加班工资。例如维修人员平时尽量在不影响生产的时间进行维修,如果在生产工人下班的时间维修就算加班,因此维修工人如果不加班月收入为 1 000 多元,而加班月工资达到 2 000 元到 3 000 元。

② 管理人员的工资:2004 年高级经理人员年收入约为 12 万元人民币。中方高层管理人员年收入最高为 6 万 5 千美金,没有补贴;外方高级经理人员年收入在 7 万到 8 万美金之间,外方中高层部长们还有许多补贴,如住房补贴每年 30 000～40 000 元人民币。2005 年工资又有大幅度提高。高层管理人员的年薪为 18 万元人民币,部门经理年薪为 11 万元人民币,中层管理人员月薪为 5 000～7 000 元人民币。但是中方中高层管理人员的工资将会被打入中方投资公司,并由中方投资公司内部按照一定的比例返还给中方高层管理人员,所以"东亚汽车公司"高层管理人员年薪具有一定的模糊性。

(2) 奖金

企业根据年度经营绩效来决定奖金,每年不一定相同。非管理层的员工其年终奖根据"东亚汽车公司"每年的产量来决定。2003年工人年终奖为平时三个半月的工资。管理人员的奖金主要依据经营业绩、考勤、人事考核和纪律考核等结果发放。高级管理人员的奖金则根据企业绩效,先分到三大股东,由三大股东在内部进行分配,各自的分法也不相同。"东亚汽车公司"的奖金比"欧亚汽车公司"的奖金要高很多。

(3)福利

企业为员工提供法定社会保险,提供免费午餐,三大传统节日以现金形式提供福利费,员工买车三年不换户主,可享受20%的优惠。此外,外方对工人的工作环境质量比较重视,在活动场地、食堂、劳保都进行了较大投入,例如车间有纯净水,夏天有冰块降温,加班工人有下午餐等。由此可见,在薪酬方面,"东亚汽车公司"比"欧亚汽车公司"有更强的竞争力。

7.4.3　薪酬水平比较

"欧亚汽车公司"的收入在中方集团内部还不错,比另一分支国有汽车企业高,与另一中外合资企业的水平持平。与同行业相比,1998年以前"欧亚汽车公司"的收入与一汽、二汽差不多,但是在2003年某个咨询公司所做的14个汽车制造企业的薪酬调查中,"欧亚汽车公司"的薪酬水平是倒数2~3名。出现这一状况一方面与地区有关,另一方面与企业的积累贡献(效益)有关。从地区来看,由于不同城市的消费水平不一,因此在大城市如上海的收入尽管绝对值较高,但是从实际消费能力来看与"欧亚汽车公司"所在城市的水平持平。从为企业的贡献度来看,一般而言,如果"欧亚汽车公司"的产量提高,工资应该有一定的上升空间,外资方甚至曾经要求大幅度提高"欧亚汽车公司"员工的工资,但是受制于中方国有母公司的限制一直没有实现。2004年一个来自美国的主要竞争对手在"欧亚汽车公司"附近建厂,该美国公司通过给予更好的报酬和更为慷慨的雇佣策略,从"欧亚汽车公司"挖走了许多有经验的工人。在这次竞争中,"欧亚汽车公司"的薪酬体系的劣势充分暴露出来。在同行业中,以上海汽车合资企业的收入最高,例如上海大众一线工人的工资在3 000元以上,通用一级经理的收入至少20~30万,还有年终奖、各种补贴;而"欧亚汽车公司"只与一汽的卡车公司的薪酬水平持平,与一汽大众的收入存在很大的差距。因此,"欧亚汽车公司"每年白领的流失率有10%,而蓝领工人较稳定。

"东亚汽车公司"在合资以前,企业普通员工的收入为600~700元/月,仅是当地的平均水平。合资以后,"东亚汽车公司"的平均工资水平一直保持增长趋势。他们的工资比该地区的其他企业工资要高,2004年工人的平均收入为1 100元/月。但是"东亚汽车公司"当时与国有汽车公司的工资相比差距较大,特别是管理人员的工资与上海大众、通用、北京现代等公司管理人员有很大差距。例如2004年北京现代工人平均收入为1 800元/月,"东亚汽车公司"工人为1 100元/月,现代车间经理平均7 000元/月,"东亚汽车公司"车间经理平均才2 000元/月。但是到2005年"东亚汽车公司"的管理人员工资水平已经与上海、北京的汽车公司管理人员差不多。

7.5　人员配置

随着经济全球化进程的深入,竞争日益激烈,各企业为减少人力成本,在人员配置方面各有对策。在过去与人员配置有关的雇佣关系理论与实践中,人们更重视雇佣的内部化研究,内部化雇佣的重点在于稳定和控制劳动力,雇主们通过训练雇员掌握稳定、专业的技术给他们提供长期正规的全职工作,来获取他们的忠诚和开工保障。但在目前的环境下,雇佣关系的外部化成为人们关注和研究的重要主题。外部化通常是指组织中使用非正规、非全职的人员,雇员与用人单位之间不存在雇佣关系。雇佣关系的外部化形式也被称为灵活就业人员配置,人才市场中介工作。雇佣关系外部化是指组织外部建立各种雇佣关系的过程,即为管理控制外部化(使用临时代理和转包合同)和雇佣时间限制化(雇佣临时人员和短期雇员)的过程。(李敏,2005)在今天激烈的竞争环境下,越来越多的企业采用灵活就业的人员配置形式,尤其是使用大量的劳务派遣员工。所谓劳务派遣,又称劳动派遣、劳动力租赁,亦称人才租赁,是指由派遣机构与派遣劳工订立劳动合同,由派遣劳工向要派企业给付劳务,劳动合同关系存在于派遣机构与派遣劳工之间,但劳动力给付的事实则发生于派遣劳工与要派企业之间。这种雇佣方式是一种雇佣工人但不使用工人,不雇佣工人但使用工人的招聘和用人相分离的用人模式。劳务派遣公司简称劳务公司,派遣员工通常称为劳务用工,简称劳务工,有的也叫社会用工,是相对于正式合同制员工而言。(杨素芹,2007)企业采用灵活就业人员配置可以带来组织管理控制成本的降低和组织对市场竞争更具弹性等方面的优势,但与此同时也会给组织带来负面影响,诸如员工的忠诚度下降等。

虽然汽车行业的周期性非常明显,且受国家政策调控的影响较大,很多汽车企业在灵活就业人员配置上仍有所不同。例如"欧亚汽车公司"80%的工人是劳务工,他们与第三方劳务公司之间一年签一次合同。这也意味着"欧亚汽车公司"如果在市场萧条期间减少工人将不对他们承担任何法律责任和义务。但是为了稳定这部分工人,企业每年会将其中的1%转为正式工人。企业劳务工和正式工人在培训、考核、福利上享有同等待遇,但是劳务工的工资比正式工人低一档,因为企业需要付给第三方劳务公司管理费,该费用占工资的9%。由于80%的工人属于劳务工,因此工人们总体而言并无不稳定的感觉。

而"东亚汽车公司"基本上没有使用劳务工。企业有两种类型的工人:一是正式工,二是来自职业学校的实习生。"东亚汽车公司"根据国家劳动法和工资标准为实习生提供社会保险,但是不与他们签订劳动合同。

各个企业采用的人员配置方式不同,对招聘、解雇、裁员等政策也就不同。"欧亚汽车公司"的人员配置是根据市场变化不断调整的。例如在2003年,汽车市场行情直线上升,人员的配置以不断增加员工或者增加班次为主。员工招聘途径主要是通过劳务公司和技校。而在2004年下半年汽车行业市场低迷时,原来一天两班,班产200台的安排,变成为一天一班,班产130台的安排。如果班产低于130台,则不能每天都开工。这样企业的员工就会出现多余,对于这种情况,"欧亚汽车公司"通常做以下安排。

(1)待岗预休,企业统一安排多余的员工先回家待命,但每月保证其基本生活费,正式工除公积金和保险外为 500 元,而劳务工为 300 元。待产量恢复时再回到企业,但是若到时需要加班加点,企业不会发放加班工资。市场行情低迷时,企业虽然开工不足,但仍然组织一些活动,例如岗位竞赛,使工人保持热情。

(2) 与劳务工解除劳务合同,并给予他们一定的补偿,2004 年补偿为 7 000~8 000 元。这种解除均为自愿,而非强迫。所以虽然"欧亚汽车公司"人员流动较大,但是并没有什么激烈的劳资纠纷发生。

与"欧亚汽车公司"相比较,"东亚汽车公司"的人员流动并不大,人员配置相对稳定。尽管市场需求存在波动,"东亚汽车公司"并未有大规模的裁员。相反他们从 2004~2005 年的低迷中恢复过来并且日渐强盛。"东亚汽车公司"偶尔也会因为员工不能胜任工作或者违反企业规则而解雇员工,但是严格按照国家劳动法规有关规定处理。关于解雇员工也发生过纠纷,主要是对员工所犯错误的严重程度存在分歧,被辞退的员工接到书面辞退通知书后,有权在七天内报人力资源部向人事委员会提出申诉,人事委员会 60 天内作出仲裁。人事委员会成员由被辞退员工上级主管、工会代表、业务经理和相关部门经理组成。工会在这方面的作用不大。工会在组织活动,增加员工凝聚力方面做得不错,但在保护员工利益方面做得并不好。例如当工人因劳动强度太大提出意见时,工会会出面与资方协商,最后资方往往采取补充车间人员、重新安排工作等解决方案。

在"东亚汽车公司",对于外资方派驻人员的管理基本上还是沿袭外资方本国模式,如果外资方职员一次犯错则记过处分,两次犯错则会被解雇;但是对中方员工要宽容得多。因为曾经有中方管理人员在没有任何过错的情况下被韩方辞退,然后向法院上诉,最后中方管理人员胜诉,并获得一年工资和 2~3 万元奖金的赔偿。

"东亚汽车公司"的人员配置相对稳定,且多数是正式工,所以企业为员工提供了多元化的发展道路。例如:(1) 横向发展,即跨职能部门的调动、在同一层次不同职务之间的调动;(2) 纵向发展,即沿着组织的层级系列由低级向高级提升;(3) 核心发展,即职务没有晋升,但是担负了更多的责任,有了更多的机会参加组织的各种决策活动。横向发展主要是为想掌握多方面知识的员工而设计的,可以在一段时间内学习到多个领域的知识;纵向发展主要针对有管理意向的员工,注重管理能力的提升;核心发展主要针对的对象是一些想在某一领域掌握精湛技术的员工。

除此之外,"东亚汽车公司"还很重视安全问题,很少发生卫生安全违规事件或事故。尽管如此,还是发生了一起事故,有一名工人在工作时将手压碎了。所以每次会议中,企业都会将安全问题放在首位。

综上所述,"东亚汽车公司"的人员配置比"欧亚汽车公司"稳定,而且在汽车发展态势上也明显优越于"欧亚汽车公司"。

7.6　公司治理

公司治理是指企业中最主要的利益主体之间的相互关系如何界定,或者说采取什么样的制度来规范企业中最主要的利益主体之间的相互关系。(郭东杰,2006)随着人们对企业性质的认识和经济发展所带来市场竞争的加剧,公司治理主体边界开始不断作出制度性的调整:从过去的股东一元主体,逐渐扩展到包括经营者、员工、工会和其他各方利益相关者在内的多元主体治理模式。但是如果公司董事会所有这些人员都包括在内,在激励相容原则下设计一个有效率的运行机制在理论上是很困难的,更别说在不确定的经济环境中实现良好运行了,全部利益相关者的公司治理理论显然是"乌托邦"。(郭东杰,2006)但是借助于这种思想,关键的利益相关者参与的共同治理模式,无论在理论上,还是在实践中,都是切实可行的。根据两家案例公司的调研结果,本章主要从员工、HR 经理、工会的角度对中国汽车合资企业的治理情况进行分析。

7.6.1　决策制定中员工的参与程度

经济全球化虽然带来了中国经济的高速发展以及中国汽车行业的腾飞,但是我们不得不承认在这一过程中员工在企业决策制定中的参与程度仍然不高。例如"欧亚汽车公司"决策的制定主要在高层,即董事会领导下的一个经营班子。而员工对于企业决策参与程度很低,并没有太多的机会,包括对与自身利益相关的如工资、福利等参与也不是很多。目前,除了在职工代表大会这一仍然流于形式的员工参与制度执行中可以通过投票的方式参与一些决策的表决外,员工还有一些反映其意见的机会。例如工厂的工会分会有一个专职的党委书记兼工会主席,他能够做到定期或者不定期和工人沟通,了解员工的情况,但是这种方式和国外相比力度很小,工会与经营层之间的冲突不像国外那么激烈。

再如"东亚汽车公司",外资方来了之后,带来了下级对上级要绝对服从的家长式作风。在外资方的观念中,P(Plan)、S(See)是外资方的事情,D(Do)是中方的事情,所以中长期规划主要由外资方决定,与生产相关的问题,也完全由外资方做主,重大决策由经营管理委员会决定。对工人的管理照搬外资方本土的管理模式,决策基本不征求工人意见,普通工人参与决策比较少,尽管可以通过工会、团委提出一些合理化建议,但这种情况也不常见。因为公司无意做这样的工作,也没有这方面的激励。调研中受访员工反映:原来的国有企业,员工在意识上人人都是企业的主人,主人翁意识较强;而合资后,企业性质变化了,一切由外资方说了算,无参与的条件,而企业目前采取的业务担当制可以允许负责某一部分工作的责任者有权利提出企划书和建议,但仍没有决策的权利,所以员工主人公意识淡薄,无安全感。

7.6.2　HR 经理在决策中的作用

由于在"欧亚汽车公司"90%以上管理人员都是中方,其中所有重要的岗位的高级管理人员都是中方国有公司派来的,外方虽然有管理生产和开发的两个副总,但是牵涉员工利益的事情主要由中方决定。公司涉及人事的事务完全集中在 HR 部门,他们对工人最关心的薪酬、人员配置、雇佣、裁员、升职、评估(中下层)、培训名单能起决定作用。此外,在制定年度战略目标时,其利益代表着公司的利益,因此 HR 部门在"欧亚汽车公司"占据着重要地位。在我们的访谈中,受访者基本上都认同"欧亚汽车公司"的 HR 经理对于公司的决策制定影响很大。

由于"东亚汽车公司"属于三方合作的形式,高级管理人员均采用派出制,而 HR 部门只是公司管理部下属的一个分支职能部门，所以对公司决策的影响相对较小。

7.6.3　工会的影响

中国工会组织从产生那一天起，几乎就注定了走向行政化的命运。所谓工会行政化，是指工会在其组织、活动等方面，相当程度上受到政府或企业行政的控制和制约，相当意义上是作为政府和企业行政的附庸而存在的。（中国工运学院工会学系，1993）

工会行政化是一把双刃剑。改革开放后，党中央确定了工会主席享有同级行政副职待遇的政策。一方面在一定程度上保护了工会主席，另一方面便于工会的工作顺利开展，但是工会行政化也带来了很多坏处。首先，工会和企业行政领导都属于"行政类"，工会与行政领导之间相同的行政利益就更多一些，因此当职工与企业行政发生冲突时，工会往往站在行政一边。其次，工会领导也和企业行政领导者一样，由上级机关（党委或行政）任命，而不能实行基层职工群众民主选举，因此工会干部容易出现不怕职工不信任、不拥护，就怕得罪上级和行政领导的倾向。工会的行政化说明了工会实际代表的利益与其本应代表的员工的利益不是完全一致的，两者在一定程度上是不可调和的。因此即使在经济全球化的冲击下，中国的工会也在面临着市场化的转型，但是从目前的现状观察，这一转型仍然处于初级阶段，未来仍有相当长的路要走。这一观点在对两家案例企业的调研中进一步得到证实。

工会在两个合资企业内所扮演的角色都显得较为妥协。在"欧亚汽车公司"，工会是其党委的一个部门。工会主席是党委书记，同时也是公司高层管理人员之一。当合资企业成立时外方曾经表示对工会势力的担心，因为外方母公司所在国家的工会势力非常强大。然而，中国工会与管理层之间亲密友好的合作关系打消了他们所有的顾虑和担心。"欧亚汽车公司"有95%的工人都是工会成员，所以使得工会在集体谈判中比"东亚汽车公司"更具有影响力，而且管理人员在解雇工人之前也要得到工会的同意。但是"欧亚汽车公司"50%的国有性质决定了工会与资方之间的利益相关性，工会与管理层之间仍然存在着紧密的关系。

"东亚汽车公司"成立之前，中方汽车公司的工会由党委领导。其主要的职能是为员工提供和组织一些文体娱乐活动，丰富员工文化生活，没有与厂长谈判的必要和可能。合资以后，因为外资方本土汽车公司的工会势力比较强大，会在每年5～7月组织罢工，所以外资方比较重视工会，工会在某种程度上被给予了一定的自治权。工会可以通过不同的方式来影响决策，例如协调解雇的争端，集体谈判和工作场所的安全等问题，但是工会的影响力是非常有限的。"东亚汽车公司"的工会主席由上级任命，兼任管理部部长，既代表资方又代表劳方，角色转换困难，使得工会功能越来越弱。而且工会只有主席与副主席是固定的，下面没有固定人员，只是一个虚架子。企业可以不经工会的同意调整工资水平，也可以在没有工会的允许下单方面裁员。不过，工会有时也会为那些利益受到伤害的员工代言，并且在某种情况下劝说管理层不要解雇员工。这也证实了Ding, D. Z. (2002)等人的论述，认为已经存在某种环境，使得工会主张他们的独立性，并且维护他们会员的利益。工会将继续为其会员的社会行为和社会活动提供支持，但是他们在诸如解雇员工等领域所扮演的角色还有待不断改进。

7.7 结论

1. 中国汽车行业所面临的竞争在经济全球化日渐深入的进程中越来越激烈,因而这个行业在近年来发生了许多显著的变化,要求生产企业能够以更高的效率和更低的成本提供更好的产品和服务,反过来影响中国汽车合资企业的管理方法和内部重组:新技术的普遍运用导致了工作组织的改变,使得灵活性大为增加。例如,企业会根据市场的需求调整工作时间,市场需求高涨时,延长工作时间,而市场低迷时,缩减工作时间。工作时间的调整主要通过轮班制得以实施,从而使得工作时间变得更具弹性。

2. 经济全球化对于中国汽车合资企业带来的影响从技能构成等安排中也可以看出。自上个世纪 90 年代以来,中国汽车合资企业相比较于过去都增加了人力资本的投资。为了适应产业的变化,员工的在职培训得到加强,员工相应的技能和胜任水平都得到了普遍提高,但从反面来看这些因素让员工也承担着更大的压力。因为公司期待员工的能力得到持续的发展,但是如果有一些员工无法达到公司的要求,就面临着被解雇的风险。

3. 随着经济全球化所带来的日益激烈的竞争,以及中国雇佣关系相关法制的逐步健全,许多企业采取能够灵活响应市场变化的雇佣方式。例如有的企业采用了两套雇佣体系,即一小部分员工直接和公司签订合同,而绝大部分员工则与劳务公司签订合同。这种做法使得公司在需要减少工人时具备了更多的弹性。雇佣方式的转变很好地说明了中国的雇佣关系普遍开始从终身雇佣制向劳动合同制转变。这种转变在一定程度上也反映了中国的雇佣状态和工作的保障性朝着更加西方化的模式聚合

4. 在中国本土制度当中,正面临经济全球化的一个领域就是工会体制。在中国汽车合资企业中,企业的工会主席基本属于企业科层体系中的管理人员,甚至部分企业的工会主席还是高层管理人员,这种安排在中国汽车合资企业里很常见。尽管中国的经济朝着日益市场化的方向转变,但是工会并未由此扮演一个更加独立的角色,至少在正式的制度安排层面上如此。不过近年来一些工会在某些场合下对其会员利益的维护也反映出一些变化的迹象,从工会自身而言,他们都认为近年来其职能更加明确,主体性作用发挥得更加有效,但是中国工会仍然没有像西方发达国家那样实现自治。

总体而言,在某些雇佣实践上如雇佣管理中的弹性、技能构成等方面,中国汽车合资企业有向发达国家聚合的趋势,但是本土的制度因素使得中国式的工会体制并未发生实质性变化。研究当中的这些发现也验证了 Banson 等人 2000 年提出的论述,那就是中国的雇佣关系仍介于过去中国传统体系下的体制和具有现代发达国家特性的工会体系之间,这也许暗示了如 Faley(2004)等人的观点。那些从现代中国经济当中获益最多的企业是能够把有效的全球管理实践应用到具体的中国本土制度的企业。

第八章　基于中国汽车合资企业 雇佣关系变迁的问题反思

8.1　基于雇主视角的分析

8.1.1　雇主主体地位有待进一步明确

2004 年发布的《汽车产业发展政策》中规定:"汽车整车、专用汽车、农用运输车和摩托车中外合资生产企业的中方股份比例不得低于 50%。股票上市的汽车整车、专用汽车、农用运输车和摩托车股份公司对外出售法人股份时,中方法人之一必须相对控股且大于外资法人股之和。"因此,国有汽车企业自不必多言,在所有中外合资的汽车企业中,中方所占股份均不低于 50%,且大多为国有汽车公司,如一汽、上汽、东风、广汽等。雇佣关系三方主要表现为企业(外方股东和中方股东)、员工和政府。在这些公司中,外资方主要负责生产管理、产品研发、技术引进等,而中方负责企业人力资源、市场营销、财务等方面的管理。其中承担合资企业更多管理职能,尤其是雇佣关系职能的经营者往往由国有汽车公司派遣,从而使得雇佣关系主体出现了有趣的矛盾现象:政府是企业的所有者或所有者之一,而企业的员工既包括普通员工,也包括中高层管理人员,公司的高层管理人员既代表雇主利益,同时也受雇于雇主,从而使得雇主的主体地位有待进一步明确。

这种有趣的现象与中国国有汽车公司治理结构上存在的缺陷有关。从产权主体看,国有汽车公司的产权主体是虚置的。究竟应该由谁来完全代表国家作为国有财产的真正所有者,行使国家财产的所有权,并且真正承担起国家财产所有者的责任,到目前为止尚未有一个清晰的界定。国有汽车公司没有一个人格化的产权主体来行使完整意义上的所有权,因而难以按照市场化的机制来选择、监督、激励经理层,从而形成"内部人控制"的格局。从目前国有汽车公司的治理结构看,公司的所有者是政府,政府是国有汽车公司的唯一股东,政府与公司的经营者是一种委托—代理关系,公司的经营者作为委托—代理关系中的代理人,代表政府经营和管理国有汽车公司。而在国有汽车公司众多的相关者中,员工是人数最多但其利益最容易受到忽视的群体。在目前的结构条件下,公司经营者与员工的关系是经营者绝对领导、员工绝对服从的关系。政府应该是一个独立的第三方机构,监督、协调和管理国有汽车公司的雇佣关系。但是存在的一个矛盾是:经营者是政府的代理人,而政府又作为第三方的监督机构来协调经营者与员工之间的关系。这种产权主体的虚置引起的治理结构缺陷导致员工参与的权利微乎其微。

8.1.2 雇主组织职能缺失

在雇佣三方中,政府利益有法律维护;员工利益不可侵犯,有工会保护,而且一直作为雇佣三方中受关注最多的一方;然而雇主由于一直是雇佣关系中的强势群体,很少受到人们的关注。国际劳工组织专家坎贝尔曾这样说过:"只有三方(政府、雇主、工人)妥协,一个国家的经济才能发展。过多地照顾工人,产业就不存在;没有对工人的保护,企业就不存在;没有雇主所关心的企业盈利,国家、工人谁都不会获利。"(高伟来,2001)由此可见,实际上雇主的利益在三方协调机制中起着举足轻重的作用,代表雇主利益的雇主组织是不可或缺的。尽管中国的雇主组织在近年来得到了一定的发展,汽车行业的中国汽车工业协会、地方汽车行业协会都有了一定的规模,但是从目前运行的现状来看,仍没能充分发挥雇主组织的主要职能。有些雇主组织把主要精力放在举办各种会议或者提供会员企业信息交流、培训教育、咨询和商贸等服务上,而在雇佣关系领域(如维护会员企业方面)没有开辟功能或者开辟不够。从第五章对中国汽车合资企业雇主组织的主要职能的分析中我们可以看出其在维护会员企业权益方面还只是浮于表面,仅局限于向政府部门反映行业或多数会员单位共同的意见和要求,以及协调会员关系等方面。

雇主组织没能充分发挥功能主要是由于以下几个原因:(1)代表性不够强。中国汽车工业协会的会员单位才1 659家[①],即便是全国影响最大的中国企联的会员企业相对于中国企业总数来说仍然相当少。(2)缺乏关于雇主组织的法律规定,从而使得雇主组织的成立和活动的规范化和法制化没有实现。中国汽车工业协会对于不遵守协会的章程和行规行约,不执行本协会决议的会员单位采取的措施是退会,无法进行法律制裁,这给雇主组织的活动带来了被动性。(3)由于雇主组织的力量相比较于政府和工会来说要弱,而且一些地区的雇主组织缺乏一定的经济实力,依赖于政府部门的财政支持,无法做到自治、自立和自养。

8.1.3 国际劳工标准和SA8000对雇主的挑战

在经济全球化的进程中,国际劳工标准、SA8000等涉及员工人权、员工利益、环境保护等话题,成为政府、组织、商界以及民间关注的热点。"国际劳工标准"是国际劳工组织(简称ILO)通过的处理全球范围劳工事务的各种原则、规范、准则,它们形成了以185项国际劳工公约和195项建议书为核心的一整套国际劳工制度。(黄河涛、赵健杰,2007)其内容主要包括政治性和经济性劳工标准。前者是关于结社与集体谈判权、禁止强迫劳动、废除童工和禁止就业歧视等反映人权的基本权利标准,因此被称为"核心劳工标准"。后者主要是关于劳工的工资水平、工作时间和工作条件等反映与国际贸易经济利益相关的具体标准。国际劳工标准是由国际劳工组织确定国际劳工权益的最低标准,但是由于发达国家和发展中国家对待该标准与国际贸易的关系有截然对立的态度,该标准始终没有列入WTO多边贸易体系中。SA8000(社会责任国际标准)最初是由美国非政府组织"社会责任国际"制定的国际

---

① 中国汽车工业协会会员单位,http://caam.org.cn/caam/caam.web/Hydw.asp。

社会责任认证标准，是全球第一个关于社会责任的标准。其内容包括童工问题、强迫劳动、严禁强迫劳动、健康和安全保密、歧视、惩罚措施、工作时间、薪酬、管理体系等方面，这些要求体现了"以人为本"的思想，充分体现了对人的尊重。（黄河涛、赵健杰，2007）任何企业想要得到 SA8000 的认证是要缴费的。SA8000 认证书的有效期是 3 年，3 年中每 6 个月要复核一次，所以以 3 年为一个周期，总的认证费用约为 20 万元左右，最少的单次认证费用也在 2 万元左右。

虽然这两个国际标准旨在保护国际劳工的权益，但由于中国现阶段还处于社会主义初级阶段，整体经济发展水平不高，劳动力相对"过剩"，劳动密集型产业在产业结构中占有很大比重，而且很多企业的劳动生产环境和条件尚待继续改善，在这种状况下，推行国际劳工标准和 SA8000 将对中国的企业与贸易发展带来较大的负面影响，具体体现在：（1）削弱国内企业尤其是劳动密集型产业（如服装、纺织、制鞋等）中企业的出口竞争能力。这些行业与国际劳工标准的要求存在着很大的差距。因此，实际上它们往往会成为发达国家动用反倾销策略的首选行业，这在一定程度上降低了中国相关产品的国际竞争力。（2）中国劳动力成本的比较优势将大打折扣。若严格按照 SA8000 来规范中国的劳工标准，就要提高劳工保护和待遇水平，势必将提高出口产品的成本，那么中国出口的劳动力成本比较优势将不复存在，很多企业可能将难以为继。然而现在全球范围内已经掀起了企业社会责任运动，这对中国企业将是一个巨大的冲击。

虽然国际劳工标准还没有达成共识，但是中国加入 WTO 后，在贸易领域已经不能完全回避与国际劳工标准相关的一系列问题。（黄河涛、赵健杰，2007）而且中国作为 ILO 的成员国，已批准了 24 项国际劳工公约，中国将面临着如何执行已批准的国际劳工公约及如何将国际与国内劳工标准协调的问题，中国的企业无疑也将面临更加严峻的挑战。

8.1.4　雇主在"走出去"过程中对西方雇佣关系体系了解不足

在经济全球化的推动以及中国政府的引导下，中国的汽车行业不仅吸引了众多跨国公司进驻，而且也出现了越来越多的自主品牌汽车走出国门参与世界市场的竞争。对寻求国际化的中国汽车合资企业来说，国外雇佣关系就是它们前行的一个重要障碍。他们急切寻求了解、关注和研究国外工会知识和运行模式，从而为企业的国际化打一场"工"坚战。

2007 年 3 月，德国戴姆勒克莱斯勒公司宣布将考虑把处于困境中的美国克莱斯勒分公司对外出售，全球私人资本和产业资本对此暗潮涌动，中国第一汽车集团也提出收购克莱斯勒的想法，并希望能够借此机会重组克莱斯勒，借助其全球品牌与核心技术，发展自主品牌，走向国际市场。但是，最终还是选择放弃收购，主要的原因不在于资金，而是一汽无法相信自己可以应付北美汽车业强大的工会。在美国，一汽收购克莱斯勒要比其他企业收购遭到来自当地工会力量更大的抵制，而无数的前车之鉴也说明：正在尝试"走出去"的中国汽车企业还没有足够的经验以应对国外工会，特别是美国的全美汽车工人联合会（UAW）。（袭祥德，2007）

上汽收购双龙后发生的雇佣冲突也是一个典型的案例。2004 年 10 月，上汽集团正式收购韩国双龙汽车公司 48.92% 的股权，开创了中国汽车业海外收购的首例。但是收购后，上汽与双龙工会间冲突一直没有间断：一方面，双龙工会担心上汽试图拿走核心技术并在中国建厂从而会造成大规模裁员，另一方面，双龙新的管理层则拒绝工会提出的加薪10%的要求，并推出了结构性裁员计划。因此于2006年7月13日爆发了双龙平泽工厂工人罢工，直到8月30日才达成和解协议，历时49天的工人罢工才得以平息。这场罢工让双龙生产线一度陷入瘫痪，上汽双龙本来计划2006年实现盈利的目标也化为泡影。（袁庆宏，2007）

事实上，许多比中国汽车企业更早走出国门的其他中国公司在海外的运营也已经尝到了"雇佣关系冲突"的苦果。例如在首钢收购秘鲁铁矿的案例中，由于对秘鲁工会和劳工政策缺乏了解从而导致策略失误，时常因工人罢工而停产，每年都造成巨大损失。在经历了14年的艰难经营后，首钢终于将秘鲁铁矿的部分股份出让并结束这段不堪回首的投资。

上述案例给中国企业敲响了警钟，要到国外进行跨国并购或经营，财务和市场必须考虑，更需要在雇佣关系方面做好充分准备。中国汽车行业的发展至今已有45年的历史，但是中国汽车走出国门才短短几年。一方面，中国的雇佣关系发展历程与西方国家雇佣关系发展历程具有相当大的差异（而且大多数企业对于后者缺乏了解），另一方面，中国企业在海外市场的雇佣实践没有很多现成的经验可以借鉴，只能摸石过河。上述两个方面的原因都有可能阻碍中国企业国际化的进程，因此，一方面，中国人力资源管理学科领域有必要加强国际雇佣关系这一领域的教学和研究，另一方面，中国企业也有必要主动加强对于西方雇佣关系体系的了解和认识，从而在当前或者未来的"走出去"当中游刃有余。

8.2　基于员工和工会视角的分析

8.2.1　员工处于弱势地位

当前，中国汽车劳动力市场上出现劳动力过剩和"蓝领工人荒"并存的现象。中国是世界上人口最多的发展中国家，有着相对"过剩"的劳动力资源。在未来几十年内，中国每年将新增劳动力700万左右，而中国的汽车行业却出现需求增长缓慢的趋势，劳动力市场明显出现供大于求的现象，这使得企业的员工处于相对弱势和被动的地位。这种弱势主要体现在：（1）员工的工资低。例如"欧亚汽车公司"高级管理人员中中方的副总经理年薪是12～13万，而外方副总经理年薪为8万欧元，而且每月还有2 000欧元的住房补贴等。普通员工的工资仅是发达国家的几十分之一。（2）员工的权益得不到保障。尤其是随着市场竞争的日益激烈，很多汽车公司为了减少人力资本，雇佣了大量的劳务工和实习生。例如"欧亚汽车公司"80%的员工都是劳务工。"东亚汽车公司"有相当一部分是职业学校的实习生。他们的待遇和保障还不及正式工。

同时汽车行业却又出现了另一番景象，那就是"蓝领工人荒"，即技术人员短缺。虽然中国劳动力资源很丰富，但是从业人员整体知识水平不高，技术人员占汽车职工总数的比例较低，高级工程师、高级技术人员、高素质的汽车营销人员数量严重不足。很多汽车公司找不到需要的人才。

中国汽车行业出现这样的现象与中国特殊的国情是分不开的。新中国是在半封建半殖民地的基础上建立起来的,没有经过资本主义充分发展的历史阶段,而直接进入社会主义阶段。中国现在正处于社会主义初级阶段,人口多、底子薄、地区发展不平衡、生产力不发达的状况还没有根本改变;经济制度还不完善;科学教育文化的发展水平与中国社会、经济发展的需要还不相适应。中国汽车行业起步晚,多年来对从业人员的素质要求停留在低档需求上。汽车技术相关从业人员绝大多数文化水平较低,专业知识薄弱,没有接受过系统的专业培训,大部分从业人员的知识水平与技能老化的现象严重。国外汽车行业的从业人员有30%接受过高等教育,而中国的这一比例还不到15%。[①] 人才短缺的问题已成为困扰中国汽车业持续发展的瓶颈。中国有近3亿产业工人,为企业培养输送技工的主要基地——技工学校仅4 400多所,高等职业技术学院则更少。中国汽车企业职工每年人均培训费仅有60元人民币,而德国培养一线工人平均每人每年投入约合25万元人民币,已形成从学徒工培训到中等、高等职业教育的完整的职教体系和网络。(邵晓钊、李传昭,1999)由此可见,员工处于弱势地位既有自身的原因,也有历史和政府的原因。

8.2.2　工会的行政化

中国工会组织从产生那一天起,几乎就注定了走向行政化的命运。所谓工会行政化,是指工会在其组织、活动等方面,在相当程度上受到政府或企业行政的控制和制约,在相当意义上是作为政府和企业行政的附庸而存在的。(中国工运学院工会学系,1993)工会行政化是一把双刃剑。这是因为在一个"官本位"、"行政本位"相对盛行的国家,工会要想履行自己的职责,必须依靠强大的行政力量,并使自己尽量地贴近行政组织,因而被抹上行政化色彩。改革开放后,党中央确定了工会主席享有同级行政副职待遇的政策。这在一定程度上既保护了工会主席,又便于工会工作顺利开展,但是工会行政化带来的坏处大大抵消了它的好处。

1. 工会的主体地位要进一步明确

工会和企业行政领导都属于"行政类",工会与行政领导之间重叠的行政利益较多,因此双方基于利益的沟通更为容易。如果工会干部事事把维护职工的权益放在首位,势必构成对行政领导利益的损害,实际上也有可能就在损害自己的利益。因此当职工与企业行政发生冲突时,工会往往站在行政一边(刘元文,2004),而这又违背了工会的宗旨即维护员工利益,最终的结果是工会既无法代表工人的真正利益,又代表不了雇主的利益。工会的主体地位有待进一步明确。

2. 工会的经费对企业存在依赖

《工会法》虽然规定工会经费来源于职工工资,但还是需要采取由企业向工会拨付的方式,这会使得企业一方面有可能误认为这是企业的资金,另一方面在工会经费上享有很大的控制权。因而经常出现工会经费遭拖延或拒绝拨付的现象,即使拨付了也会认为是对工会的一种恩赐。经济基础决定上层建筑,如果工会的经济不能独立,那么它所发挥的作用也将

[①] 《研发人员与高级技工青黄不接我国汽车人才告急》,载《中国职业技术教育》,2004年第12期,第61页。

大打折扣。

3. 工会在组织结构中的定位

从企业的组织结构上看,工会往往被纳入为企业科层组织构中的一个部门,这种结构关系使得工会的工作方针和目标自然与企业行政保持一致,从而使工会在组织上丧失其独立性。此外,工会领导(如工会主席)按照工会章程规定,应该通过工会会员代表大会选举产生。但是在实践中,工会主席大多数是由企业任命或是通过一定的选举程序安排担任。例如"欧亚汽车公司"的工会主席是高级管理人员。"东亚汽车公司"的工会主席由管理部部长兼任。这种方式产生的工会主席向企业负责要重于向职工负责,无法真正承担起代表职工利益的责任。

企业工会里的干部一方面是企业的员工身份,另一方面又是代表员工利益的工会干部身份,而前一种身份是后一种身份的存在基础。因而工会干部的工资、福利待遇等均受制于企业,从而雇佣关系的管理和存续也由企业掌控。在法律对工会干部保护还不十分到位的情况下,如果有工会干部在维护员工合法权益的过程中为员工据理力争,并且因此触犯企业及其管理者的利益,那么,他很可能面临着在经济利益和工作保证上的威胁。这给工会干部履行其维护职工合法权益的职责带来极大的困难。工会干部与企业之间的地位具有明显的不平等性,这同样也是工会难以独立的另一个重要原因。

8.2.3 工会的职能缺失

在调研的两家汽车合资企业中,为数众多的员工认为,工会没有什么权力,主要是作为雇主和员工间的协调者和安抚者,工会主要的职能是缓解雇佣关系双方的矛盾,主要工作内容是组织各种劳动竞赛和文体活动。如组织员工进行足球、羽毛球比赛;发放困难补助、员工福利,慰问病人等。在确定工人的工资、福利分配和协调劳动纠纷方面,几乎没有发挥作用或是发挥的作用很小。

中国的工会不能发挥其应有的职能有其自身的原因,也有历史原因。西方的工会是由生活于贫困边缘的劳工受到工厂主的残酷压榨忍无可忍后自发地组织起来保护自己利益的组织,他们长期以来为了争取权益,一直与雇主展开激烈的斗争。经过长期的磨炼,西方的工会日益强大,日益成熟,才在今天的雇佣关系三方中占据了重要的地位。而新中国是在半殖民地半封建社会的基础上创建的,没有经过资本主义社会,直接进入社会主义社会。1994年《劳动法》才明确提出中国工会的基本职责是要把维护劳动者的合法权益作为自己的基本职责,工作重点是集体合同工作。中国工会的起步明显晚于西方的工会,而且中国的雇佣关系冲突远不及西方的激烈,因此中国的工会发展就更为缓慢。

8.2.4 工会的市场化转型仅处于初级阶段

随着中国市场化进程的逐步推进,非公有制经济在中国得到了迅猛的发展,与此同时,非全日制、临时性、季节性、钟点工、弹性工作等各种就业形式迅速兴起。但是在市场化的私营企业、外资企业及其他各类新兴的工作形式当中,雇佣力量对比极为悬殊,劳工唯有依靠自身集体的力量——工会才能争得自身权益。但是,目前工会恰恰是雇佣关系调整机制中最薄弱的一环。因此，保护上述企业或工作形式中工人的合法权益，组建能够代表这些群体利益的工会是关键所在，只有通过工会凝聚劳工的集体力量才能争取劳工的权益。

现实表明，在目前各类非公有制企业和混合所有制企业总量不断增长的态势下，工会组建仍显滞后。在有的非公有企业当中，组建工会受到了经营者的阻挠和抵制，管理层通过提高核心员工的工资和福利淡化其加入工会的愿望，同时通过大量的雇佣外包或者短期工的方式使得员工流动频繁而不易被组织到工会中来。截至2003年6月底，仅全国登记的私营企业数已达270万户，从业人员3 562万人，但其中尚有201万户未建立基层工会或未覆盖到工会组织中，涉及职工约1 500万。（汝信、陆学艺、李陪林，2004）因此推进工会在各类非公有制企业乃至非正规就业领域中的组建步伐，任务依然艰巨。只有加快工会在这些企业或行业中的组建，才能最大限度地将游离于工会之外的职工组织到工会中来，其中包括总量不断增长的农民工群体，这是市场化进程中保障劳工合法权益免受侵害的先决条件。

此外，中国是工会一元化体制，对工人组织权利的保护是以全国总工会为基本框架，这与国际劳工公约的规定和世界上其他国家实行的多元化工会，即不受任何限制地组织工会是根本不同的。因此，在中国经济日益与国际接轨的情况下，工会自身的市场化改革也成为非常重要的一个问题。改革的重心应当着力实现工会组织的自主性、代表性、民主化和整体凝聚力，其中最根本的就是工会的自主性问题。尽管维护工人利益已经被公认为市场经济体制中中国工会最主要的功能，但是正如在上文中所提到的那样，传统的工会对政府的依赖性，以及工会对于企业的依赖性却没有从根本上得到改变，这样势必会导致工会的尴尬处境，在集体协商中处于弱势。如何从根本上让工会自立，摆脱对政府和企业的依赖，理清工会系统管理混乱的状况，对其重新定位并使其成为市场化的一种博弈力量，将是中国的雇佣关系在市场化改革进程中遇到的一个难题。

8.3　基于政府角度的分析

8.3.1　立法不完善

中国在计划经济时期的劳动立法，自1950年的《工会法》以后，基本上都是照搬前苏联的劳动立法模式。随着1984年城市经济体制改革以来，社会经济关系中的雇佣关系发生了最普遍和最直接的变化。而市场经济是一种法制经济，因此雇佣关系的市场化同样也要求雇佣关系的法制化。1994年7月《劳动法》的出台是中国劳动法制建设上的一个里程碑。这一法律确定了劳动立法和劳动体制改革的市场化方向，把劳动者作为一个独立的社会利益主体和法律关系主体来对待，明确了保障劳动者权益的立法主旨，并提供了以劳动者权利保障为中心的法律体系框架。此后，中国政府又出台了一系列与《劳动法》相配套的法规。但从中国的劳动立法发展历史来看，无论从理论上还是从实践上来说，中国的经验都比较欠缺和薄弱。1994年中国才有了第一部《劳动法》，可以说，中国的劳动法律尚处于初创阶段，相应的立法仍然不够健全和完善。

但是我们必须注意到，中国的劳动立法是在从计划经济向市场经济过渡的背景下制定的,因此尽管以市场为标准是其基本价值取向,然而在有关具体的规定和实施中,又不得不考虑中国目前还不是一个纯粹的市场经济的实际情况,因此具体立法中必然会出现一些模糊和不彻底的问题。此外,中国的雇佣关系正处于一种转型和过渡的过程中。现实中不仅有着多种类型的雇佣关系,而且不同类型的雇佣关系也处在变动中,使得中国的雇佣关系呈现一定的复杂性和不稳定性,从而给劳动立法也带来了相当的难度。

在过去的 20 多年中,政府出台了一系列劳动法规,例如 2007 年新出台的《劳动合同法》、《中华人民共和国就业促进法》、《中华人民共和国劳动争议调解仲裁法》等。这些法律法规对于调整雇佣关系当事人的利益,保护双方的正当权益,起到了重要作用。但是随着经济全球化和经济转型进程的不断深入,中国的雇佣关系日益复杂化,雇佣争议也不断增加,中国的劳动法律和法规体系仍然不够健全,而且在实施中也存在很多问题。首先,雇佣关系中不断出现新的问题,而这些新问题缺乏法律依据,劳动者权益被忽视或被侵犯较为严重。例如自《劳动合同法》2008 年 1 月 1 日实施以来,江苏省 2008 年前 3 个月各级雇佣争议仲裁机构共处理雇佣争议 30 152 件,比上年同期增长近一倍,案件量接近上年全年的一半,其中有不少雇佣争议是新劳动法实施后凸显出来的。其次,由于劳动力资源丰富,劳动者与企业签订合同时,没有讨价还价的能力,所以很难体现平等自愿的原则。再次,新旧的劳动法律文件或法律条文之间还存在不一致甚至相悖但却同时有效的问题。要改变这种现状,需要不断改革和完善现有劳动法律体系,以维护和保障劳动者在市场经济条件下的基本权利。劳动法律体系是平衡雇佣关系,实现劳动合作、共同发展的最基本的选择。(常凯,2004)

8.3.2　政府对企业对立法改革的博弈行为无能为力

在雇佣三方主体中,政府并不直接干预企业内部的雇佣关系,而是通过立法来促进雇佣关系的和谐和发展。但是由于雇主在雇佣关系中一直处于强势的地位,而立法为了创建和谐的雇佣关系,势必会维护员工的权益,很多企业为了实现利益最大化,与立法改革展开了一场场博弈行为。尤其是 2007 年 6 月颁布的《劳动合同法》在社会上引起了强烈反响。《劳动合同法》的立法目的是"为了完善劳动合同制度,明确劳动合同双方当事人的权利和义务,保护劳动者的合法权益,构建和发展和谐稳定的雇佣关系"。但是自颁布以来,无论是合资企业、外企、国企、私企,还是事业单位,为了规避新劳动法中对他们不利的条款,很多都在"规范"用工形式。普遍的做法是不再直接与员工签订劳动合同,而改由劳务派遣公司派遣;或是花钱买断老员工工龄,以避免和他们签订无固定期限合同;或是干脆裁员。面对企业对《劳动合同法》的博弈行为,劳动部门纷纷介入,但是它们对企业这种行为也无能为力,仅仅是舆论上的谴责。

随着市场环境的变化,雇佣关系的外部化,灵活的就业人员配置已经越来越引起人们的关注,并在社会上得到了一定的应用。我们在调研中发现,"欧亚汽车公司"80%采用的都是劳务工,他们的很多权益得不到保障。而且在《劳动合同法》实施所带来的解约潮中解雇的大多是这些法律想要保护的劳务工。政府作为雇佣关系中的协调者,是否应该深入思考采取合适的措施处理好这样的博弈行为呢?

8.4　雇佣关系作用过程中存在的问题

8.4.1　没有完全推行集体谈判、集体合同制度

集体谈判与集体合同制度是保证雇佣双方采用有组织的行为来确定劳动条件、协调相互关系的有效手段。(常凯，1995)中国在计划经济体制时期不存在集体谈判制度。2004 年 5 月 1 日起实施的《集体合同规定》对集体协商和签订集体合同的行为进行了规范，并规定"中华人民共和国境内的企业和实行企业化管理的事业单位与本单位职工之间进行集体协商，签订集体合同，适用本规定"①。2007 年 6 月颁布的《劳动合同法》设专节对集体合同进行规范和明确，进一步推动了中国集体谈判制度的发展。

虽然中国法律和法规对集体谈判和集体合同制度有具体的规定，但在实施过程中仍存在许多问题，具体如下：(1) 中国的集体谈判制度起步较晚，与雇佣关系管理比较成熟的国家相比还存在一定的差距。集体谈判和集体合同在发达国家的企业里已经成为一项基本制度，而且在欧洲国家，集体谈判和集体合同大多在企业以上(如行业、产业乃至国家)的层次进行和签订。而由于中国的企业之间的差异很大，即便同一行业的企业也难以形成统一的工资标准，因此中国的集体谈判和集体合同制度大都在单个的企事业单位内部实施。(2) 工会职能的缺失限制了集体谈判和集体合同制度的推行。根据《劳动合同法》的规定，"集体合同由工会代表企业职工一方与用人单位订立；尚未建立工会的用人单位，由上级工会指导劳动者推举的代表与用人单位订立"②。因此，中国的集体谈判往往容易流于形式，其中的主要原因正是上文所提到的工会对企业的依赖性，中国工会参与集体谈判通常并不是向劳动者负责，而是向上级负责。经过调研我们发现"欧亚汽车公司"95% 的正式员工都加入工会，因此工会有一定的话语权，在集体谈判中影响较大，但是工会主席是高级管理人员，这从某种程度上削弱了工会的集体谈判能力。"东亚汽车公司"的工会主席也是公司的高级管理人员，工会对公司的决策影响非常小，并且公司没有集体谈判和集体合同制度。因此，在法律明确规定之下，集体谈判和集体合同仍然没有得到全面推行的根本原因在于谈判主体之一——工会或劳工力量的薄弱，亟待通过工会内部组织体制的改革和谈判斗争手段的丰富来加以弥补。③

8.4.2　雇佣关系三方协调机制存在问题

随着中国向社会主义市场经济转型的加快以及多种经济成分的进一步发展，企业所有制形式、劳动组织形式、劳动者就业形式、企业与职工之间的关系出现多样化趋势，雇佣关系

---

① 劳动和社会保障部：第 22 号令《集体合同规定》，颁布日期 2004 年 1 月 20 日，实施日期 2004 年 5 月 1 日。

② 《中华人民共和国劳动合同法》，2008 年 1 月 1 日实施。

③ 乔健：《加强对转型时期劳工政策的研究》，载人民网强国论坛，http://www.qglt.com。

也更加错综复杂,雇佣关系矛盾和冲突也日益增多。尤其是加入 WTO 以后,随着经济全球化的进程加快,中国的雇佣关系出现了许多新情况和新问题,对雇佣关系调整体制的建立提出了更高的要求。为适应市场经济的需要,从中国实际出发,我们确定了政府宏观调控、双方自主协调的雇佣关系调整原则,提出了"以劳动合同、集体合同为主要调节方式,由政府、工会和企业组织三方为指导,政府依法实施监督检查"的目标。

2001 年 8 月,国家劳动和社会保障部、中华全国总工会,中国企业联合会/中国企业家协会三方在北京建立了国家一级协调雇佣关系三方会议制度,开辟了政府、工会和企业组织在雇佣关系方面加强三方沟通协调,相互理解、相互支持的重要途径,在雇佣关系领域提供了一个全新的社会对话渠道和协调机制。经过几年的不断摸索和总结,逐步走出了一条以预防为主,突出重点,促进整体雇佣关系和谐发展的道路。但是目前还存在着影响三方机制深入发展、功能发挥的制约因素和障碍,主要有以下几点:(1) 三方主体作用仍需逐步强化。由于工会的行政化特点,很多国有、集体企业工会组织的独立性和功能的完整性受到很大的削弱,而雇主的力量明显强于工会。对于政府来说,在实践中,真正参与协调雇佣关系三方机制具体工作的是国家劳动保障部的劳动工资司和地方劳动保障厅(局)。一方面,国家机构改革将安全生产、职业卫生等职能从劳动行政部门划出,限制了中国劳动行政部门主导参与的三方机制的协调范围;另一方面劳动行政部门受人员编制的影响,特别是地方,尚不能充分发挥政府在协调雇佣关系三方机制中的主导作用。(张彦宁、陈兰通,2007)(2) 三方协调机制法律体系不完善。中国于 1990 年批准了国际劳工组织的第 144 号公约,即《三方协商促进履行国际劳工标准》。1994 年颁布的《劳动法》以及 2001 年修改的《工会法》均有三方机制的原则性规定。2007 年 6 月颁布的《劳动合同法》在国家立法层面进一步肯定协调雇佣关系三方机制。但面对日益复杂的雇佣关系矛盾和法治建设的要求,三方机制的运行仅依靠这些原则性的规定远不能适应实际的需要,亟需完善有关三方机制的立法。(3) 三方协调机制的社会影响力不够。切实发挥中国协调雇佣关系三方机制作用的关键在于基层,只有基层的企业和职工了解协调雇佣关系三方机制,才能将三方机制工作落到实处,真正维护雇佣双方的合法权益。但是三方协调机制在整个社会,特别是基层企业层面的影响还不够。

8.5　结论

对中国汽车合资企业雇佣关系的研究表明,中国汽车合资企业的雇佣关系表面上仍基本处于平稳状态,没有出现激烈的雇佣冲突。然而这种稳定和平衡是暂时的,因为中国的汽车合资企业仍然处于从计划经济向市场经济的过渡过程中。汽车行业作为国家的支柱产业一直以来受到政府的保护,但随着中国加入 WTO,关税和非关税壁垒的大幅度削减甚至取消以及大量跨国公司的进入,中国的汽车合资企业将逐步走向市场、走向国际。这种暂时的雇佣关系的平衡将会被打破,从而引发很多雇佣关系的冲突和矛盾。因此,透过现象看本质,我们发现中国汽车合资企业所置身的雇佣关系正处于逐步转型的过程,这种转型的过程中蕴含着潜在和显在的不稳定因素,只有深入地分析可能存在的问题及其形成的原因,才有可能为构建和谐的雇佣关系体系，提出行之有效的政策建议。因此，本章对汽车合资企业雇佣关系中存在的问题从雇主、员工和工会、政府三方主体及雇佣关系作用过程的角度进行分析和反思，以构建中国汽车合资企业和谐雇佣关系为目的，以期从三方主体的视角提出相应的对策。

第九章 基于中国汽车合资企业
雇佣关系变迁的政策建议

9.1 充分发挥雇主在雇佣关系中的作用

雇主要在雇佣关系中发挥作用,首先要明确自己的主体地位,然后健全雇主组织职能,让雇主组织在行业中发挥相应的作用,最后还要加强人力资源实践。

9.1.1 明确雇主的主体地位

国有汽车公司的经理是公司的经营者,代理政府经营和管理公司,而政府又作为第三方监督机构来协调经营者和员工之间的冲突。这种治理结构很容易导致国有汽车公司经营效率低下的问题。为此我们必须明确雇主的主体地位,雇主是国家政府,经营者只是其代理人。因此在国有汽车公司从经理到普通员工之间的不同层级上都要建立有效的人才选择和激励机制,只有这样才能规范经营者的行为,提高经营效率,完善经营者与员工之间的关系。

9.1.2 健全雇主组织职能

由于雇主在雇佣关系中的强势地位,雇主组织在中国一直以来很少引起人们的关注,但是要建立和谐稳定的雇佣关系,雇主组织必不可少。目前,中国对雇主关系的研究还不是很成熟,而对于雇主组织的关注更是少之又少,因此要健全雇主组织职能,必须加强与国际雇主组织及其他国家雇主组织之间的交流,借鉴他们的成功经验,并结合中国的国情。

健全雇主组织职能主要体现在:(1) 加强与国际雇主组织在劳工事务中的交流与合作。在目前产业性国际雇主组织较弱的形势下,国际雇主组织成为雇主的强有力的代言人,在劳工领域维护雇主的利益。随着全球化进程的不断发展,中国企业参与国际事务的机遇越来越多,面临的挑战也将越来越大,而中国企业在国际事务中的话语权仍较弱。作为企业利益的代言人,我们应加强与国际雇主组织的交流与沟通,充分利用这个平台,在国际劳工事务中反映中国企业的呼声,维护中国雇主的利益,同时总结中国企业成功经验,在国际舞台宣传中国雇主的经验(学习、交流、借鉴、参与——关于国际雇主组织培训与考察的报告,2006)。(2) 与国家雇主组织和其他国家的雇主组织加强技术合作,借鉴先进经验。国际雇主组织在劳工技术领域拥有丰富的经验,并与各国尤其是发达国家的雇主组织保持经常性的技术信息交流。同时,国际雇主组织还与国际劳工组织、联合国相关机构、世界银行等国际组织和地区组织以及纺织、钢铁等行业协会有经常性的交流。国际雇主组织在劳工技术领域的文件往往是总结、吸收各方经验的基础上制定而成的,及时反映了相关问题的新形势、新特点,具有较强的指导意义。其他发达国家雇主组织成立的时间都比中国长,它们都有着各自的成功经验。我们在相关事务中应加强与国际雇主组织及其他国家的技术交流,借鉴其先进经验,从而完善中国的雇主组织。

9.1.3　加强人力资源管理实践

1. 加强汽车产业工人的职业教育培训

"十一五"期间,中国的汽车行业才真正开始参与国际化的竞争,竞争的焦点将集中在人才上。近年来,汽车工业技术飞速发展,新兴技术广泛应用,人员知识更新任务极为迫切,但中国汽车行业人才匮乏也成为不争的事实,严重制约了中国汽车产业的发展。解决人才问题的关键,在于对人才的长期培养,这离不开职业教育和职业培训。企业的人才培训应作为一种具有长期性、间接性、高效益特点的人力投资项,它产生的效益是无形的、潜移默化的。构建培训机制并实施培训计划,首先要从企业负责人的培训开始。对高层的培训在中国国情下显得尤为重要。没有经营者的洗脑,就不会有企业乃至整个汽车行业的管理和运作质的改变和提升。所以培训应从提升汽车企业经营者的思想观念入手,完善其知识结构,转变其经营管理理念,更新思想。要进行有关汽车行业政策法规、市场营销、人力资源、财务等方面的学习培训,造就一批懂经营、会管理、有头脑、了解市场和有关政策法规的具备良好综合素质的汽车产业企业家。(全国商会培训部,2006)其次,对工人的培训。对他们的培训主要是技能方面的培训。目前国产轿车技术还十分落后,这实际上是缺乏关键技术人才所致。这些关键技术包括车身关键技术、底盘与发动机关键技术、汽车电控关键技术、车身关键技术等。这些关键技术人才的缺乏,严重阻碍了国产车的发展。

除了进行适当的培训外,雇主还应多加强校企合作。坚持产学结合,实现知识学习与技能培养结合、课堂教育与岗位实训结合、职业素质与专业能力结合、校内基地与企业现场结合、学校运作与企业支持结合,才能按照培养的基本要求培养出汽车人才。只有在学校和企业的共同努力下,才可以改善目前汽车人才紧缺的现状,培养出大量高素质的汽车综合性人才、自主创新人才、应用人才,促进中国汽车行业和汽车企业健康迅猛地发展。

2. 强化企业履行社会责任的主动意识

虽然从短期看国际劳工标准和SA8000对中国企业发展是弊大于利,但是若从长期来看,利是大于弊的。其一,国际劳工标准和SA8000有利于增强出口竞争力。按照国际劳工标准落实企业的社会责任有助于增加企业的信誉,塑造企业的社会形象。尽管从成本角度看,任何企业想要得到SA8000的认证是要缴费的,短期内SA8000认证会导致成本增加,竞争力下降,但是获得认证后,就可以突破国外壁垒,长远看对出口企业的未来发展有益。因为国外生产商会从达标的企业进货,进而开拓中国企业更大的市场和利润空间。其二,改善企业经营模式,提高员工的忠诚度。推行"核心劳动标准"、社会责任,必将迫使更多企业改变经营模式和经营理念,改善企业劳动环境,提高工人待遇,从而有助于企业改善管理,提高生产率及员工的忠诚度。

随着中国经济、社会和科技的高速发展以及人们的富裕程度、教育水平与文明程度的不断提高,人们的社会关注意识增强了。作为消费者,他们对企业提出了更高的要求,即在经济效益之上还应承担一定的社会责任。世界范围内许多知名企业都非常重视社会责任的承担，赢得了社会及公众的认同，保持了基业长青的发展态势。因此，无论从自身生存还是从长远发展出发，企业应该充分认识作为社会互动大系统中的组成部分，企业与社会的密切关系是天然的，应该提高承担社会责任的主动意识，在社会中树立良好的企业信誉，强化企业自律精神，主动地尽可能多地履行社会责任。

3. 加强对于雇佣关系国际实践的认识

中国对雇佣关系的研究起步比较晚，而且很多只是集中在学术界，企业界的研究主要是自主品牌汽车在走出国门的过程中不断摸索的结果。但是依赖自身的实践获得的结果不仅可能要花费大量的成本和时间，而且可能会承担巨大的风险。因此在经济全球化的进程下，随着全球竞争日益激烈，通过加强学术界和企业界的联合互动，进一步了解西方，加强对于雇佣关系的国际实践的认识，从而强化企业对不同体制的适应能力，为走出国门做好准备。

9.2　充分发挥员工和工会在雇佣关系中的作用

要充分发挥员工在雇佣关系中的作用，首先，员工要不断提高自身的技能，增加自身的人力资本和核心竞争力，提高自己讨价还价的能力；其次，要健全工会的职能，加强与国际工会的交流，使工会发挥应有的作用。

9.2.1　提高员工自身技能、增加自身的人力资本和核心竞争力

根据《中国汽车人才发展战略研究》课题报告预测，中国汽车产业职工人数 2010 年将达到 356.87 万人，2015 年将突破 500 万人大关，到 2020 年将达到 776.23 万人，平均年增员率为 10% 左右，现阶段汽车人才的缺口达到了 50 多万。（盛敬、杨军平、刘国满，2007）由此可见，汽车行业的就业需求量仍是很大的，同时从 2002 年到 2020 年上海市对汽车人才的需求表也可以看出汽车行业对员工的要求大幅度提高了，研究生和本科生在从业人员中的比重在大幅度增长。

表 9 - 1　2002～2020 年上海市对汽车人才的需求表[①]

年度	产量（万辆）	从业人员数量（万人）	学历层次（%）		
			研究生	本科	专科
2002	40	10	1.8	12.9	12.0
2005	75	16	2.0	15.0	15.0
2010	150	20	2.5	20.0	20.0
2020	200	20	5.0	30.0	30.0

"十一五"期间，中国的汽车行业才真正开始参与国际化的竞争，竞争的焦点围绕着"汽

[①]　彭正龙、陈伟峰：《论上海汽车工业人才需求预测及人才建设》，载《同济大学学报》（社会科学版），2004年第 4 期，第 49～53 页。

车人才"。国外经验表明,汽车工业的发展关键在人才。而汽车人才并不仅仅指汽车设计方面的相关人才,而且包括汽车生产制造、汽车服务、汽车体育、汽车博览等整个汽车产业链上的各类人才。由此可见,汽车劳动力市场对人才的需求越来越大。员工唯有提高自身的技能水平,增加自身的人力资本和核心竞争力,才能增强自身的讨价还价能力。

9.2.2　健全、完善工会职能

虽然中国的工会由于历史原因有着"先天性的缺失",但是经济全球化和加入 WTO 有力地推动了中国社会主义市场经济体制的建立,带来了雇佣关系的新变化。与此同时,也给工会组织带来了诸多的挑战,客观上要求工会组织强化维护职能,在建立协调稳定的雇佣关系中发挥更大作用。

要发挥工会组织在调整雇佣关系中的作用,可以从以下几点做起:(1) 要强化工会的源头参与。各级人大、政府制订有关雇佣关系的法律法规时,一定要吸收工会代表参与论证,听取他们的呼声;出台有关雇佣关系方面的政策,一定要征得工会组织的意见;重大雇佣关系纠纷的调节,一定要有工会代表的参与;重大劳动事故的处理,一定要让工会代表监督。(2) 改革工会组织体制,让工会成为工人的自发组织,当前工会组织仍带有较强的计划经济体制的色彩。首先,工会的生存应依赖会员的基金,而不应由政府或企业出资。只有先解决了经济问题,工会才能挺直腰板与雇主理论。其次,政府应从雇佣关系的直接调节者这一角色中退出,只负责为雇佣关系的运行制定规则,并监督其实施。工会的行政化特点阻碍了中国的工会发展。地方工会领导应由企业工会代表民主选举产生,而不是政府招募。(3) 支持工会依法推行平等协商、集体合同制度。这是工会参与协调雇佣关系的主要手段。由工会代表职工,就劳动工资、生活待遇、社会保险、劳动保护、学习培训、民主权利等问题同行政方面进行平等协商,形成一致意见后,签订集体合同。各级劳动与社会保障部门、经济主管部门、企业家协会等组织要与工会共同配合,各司其职,各负其责。协商谈判要在"平等"上着力,集体合同要在"履行"上下功夫。平等协商的过程和集体合同的内容要公开透明,要作为向职代会报告工作的内容。平等协商、集体合同落实情况应作为评价工会组织工作政绩的重要标准。(4) 强化雇佣关系预警机制建设。要发挥工会组织网络比较健全的优势,依托各级工会建立雇佣关系的预测、预审、预报、预控机制,发现问题及时处理,防止酿成大祸。要落实雇佣关系预警责任,建立责任追究制度。疏通信息渠道,定期分析雇佣关系状况,研究和解决突出问题。(5) 强化职工法律援助。要建立职工法律援助制度,地方工会组织要设立职工法律援助中心,公开专线咨询电话,配备必要设备和专业人员,为劳动权益受到侵犯的职工和因履行维护职责而遭到侵害的工会工作者无偿提供法律服务,以保障其合法权益。

9.2.3　加强与国际工会的联络、沟通

经济全球化使劳动力市场全球化,雇佣关系国际化,要求工会也全球化。只有加强与世界其他地区工会的合作与协调,才能应对经济全球化的挑战。尤其要加强与发展中国家工会组织的合作。欧洲一些国家已经建立了产业工会国际联合会,并试图建立世界产业工会

联合会。国际自由工联也出版了《工会全球化指南》刊物,呼吁国际工会团结与合作。中国工会走向世界一方面有助于增强全世界劳动者的力量,与资本的全球化相抗衡;另一方面也有助于增强中国在制定国际贸易制度中的话语权,避免国际劳工标准方面的贸易壁垒,参与区域乃至世界劳工法律的制定。

9.3　充分发挥政府在雇佣关系协调中的作用

基于西方雇佣关系理论和发达国家雇佣关系的管理实践,我们发现由政府的劳动部门、工会组织、雇主组织构成的三方协调机制是解决雇佣关系的主要机制。政府并不直接干预企业内部的雇佣关系,而是通过立法来促进雇佣关系的和谐发展,但是当雇佣关系发生冲突时,政府必须干预雇佣冲突的解决。这些都对中国雇佣关系的和谐发展提供了宝贵的经验。但是,不同国家、不同行业、不同企业都有各自的雇佣关系,西方的雇佣关系协调机制有其先进之处,有我们学习和借鉴的地方,但我们不能将西方的经验照搬到中国,必须适应中国特殊的国情。

9.3.1　加强立法

从中国劳动立法的进展来看,以《劳动法》及与之配套的法律法规为标志,已经初步形成了以市场价值为基本取向的劳动法律体系,但与国际劳工标准还存在相当大的差距。目前已有不少国家要求本地的跨国公司遵循《国际劳工组织关于跨国公司与社会政策的宣言》、《跨国公司行为规范条例》等国际通用准则,如果中国的劳动法规与世界劳工标准有差距,那么就难以对中国的跨国公司提出类似的要求。

在经济全球化日趋明显,中国已经加入 WTO 的背景下,中国作为国际劳工组织的成员,不仅有责任和义务遵守和实现国际劳工公约规定的劳工基本权利的各项原则,而且还应该积极创造条件,扩大国际劳工公约的批准范围。与此同时,应尽快清理与国际惯例,特别是与 WTO 规则相悖的有关劳动用工方面的文件、规定,特别是各地区自行制定的"土政策",对现行法律法规中经实践证明不够科学的选择性条款进行硬化修改。《工会法》规定:"工会通过平等协商和集体合同制度,协调雇佣关系,维护职工合法权益。"应该说,谈判权在现行法律中已经有了明确规定。但是,工会推行平等协商、集体合同制度的阻力是非常大的,往往遭到用人单位的不合作或者抵制,实际效果很不理想。这既与当前中国劳动者在雇佣双方力量严重失衡而又缺乏相应权利保障的现状有关,更与法律规定的选择性条款("可以"而不是"必须"或"要")密不可分。中国已经加入了 WTO,在"过渡期"内,经济活动规则与国际全面接轨,一定要加快劳动法律与国际接轨的步伐,从国情和法律环境出发,修改和完善中国的劳动法规体系。

9.3.2　加强对立法实施后出现的博弈行为的研究

尽管自 2006 年以来中国制定了大量的法律法规,但在法律实施的过程中仍出现了许多意想不到的问题。例如距《劳动合同法》正式实施还有两个月的时间,在全国一些地方却出现了企业解约潮,有些企业一次性解除数百人的劳动合同,甚至有因为《劳动合同法》即将生效而关闭企业的现象。在新法颁布后的一个月内,LG、沃尔玛分别裁掉 100 余名中国员工,接着央视集中清退了 1 800 多名临时工作人员,同时在深圳工作近 10 年的 8 000 多名代课教师一日被炒。福布斯杂志撰文《大裁员? 在繁荣的中国?》指出,这轮裁员指向相同的人群,即临时工和长工龄的员工,而他们正是新法想要保护的人群。(韩雪,2008)新劳动合同法本希望能均衡雇佣双方,保护雇佣关系中处于弱势地位的劳动者的合法权益,让全社会的每个人共享改革成果,但是企业的种种规避、博弈行为却损害了劳动者的权益,这不得不引起人们的反思。

　　《劳动合同法》的出台既是对雇佣双方的考验,也是对政府的重大考验。这次新劳动合同法带来的解约潮,说明中国已进入到法制社会,以法治国的理念已深入人心,但同时也让我们清醒地认识到国家立法对社会的巨大影响力,因此政府在立法前加强对法律实施后可能产生的博弈行为进行一定的预测研究是很有必要的,只有这样,才能提前预防可能发生的博弈行为,或是提前制定出相应的配套措施,真正地促进雇佣关系的和谐发展。

9.3.3　在工作场所实行雇佣关系三方协调机制

　　西方发达国家雇佣关系的平衡和稳定是通过政府、雇主和工会共同协调相互关系的三方原则来实现的。三方原则的含义是:在处理雇佣关系问题时,政府、企业和劳动者三方的权力分享、责任共担、民主决策、相互沟通、求同存异、相互制衡。(赵薇,2004)2001 年 8 月 3 日,国家协调劳动关系三方会议正式成立并召开了第一次会议,标志着中国国家一级协商劳动关系三方机制正式启动。2006 年 3 月 14 日,十届全国人大十四次会议通过的《中华人民共和国国民经济和社会发展第十一个五年规划纲要》提出要"全面实行劳动合同制度,积极推行集体合同制度,健全协调雇佣关系三方机制,完善雇佣争议处理机制"。2006 年 10 月 11 日,中国共产党第十六届中央委员会第六次全体会议通过的《中共中央关于构建社会主义和谐社会若干问题的决定》再次提出要"完善雇佣关系协调机制,全面实行劳动合同制度和集体协商制度,确保工资按时足额发放。严格执行国家劳动标准,加强劳动保护,健全劳动保障监察体制和雇佣争议调处仲裁机制,维护劳动者特别是农民工合法权益"。(张彦宁、陈兰通,2007)两个文件将"发展和谐雇佣关系"和"完善雇佣关系协调机制"提到了一个新的高度,并与"实施积极的就业政策"、"完善收入分配制度,规范收入分配秩序"等有关国计民生的重要问题紧密结合,为中国协调雇佣关系三方机制提出了更高的要求。

　　要完善雇佣关系三方协调机制需要雇佣关系三方主体的集体努力。首先,三方主体要准确定位。雇主组织、工会组织各自代表会员的利益,为维护会员的权益付出各种努力;政府作为另一个重要力量保持中立,不过多地干涉雇佣双方的事务,政府当局在行政管理者和企业拥有者的角色问题上,要定位准确。其次,雇主组织和工会组织要有强大的经济基础来保持各自的独立性,在三方机制中坚持自己所代表的利益主体的立场。中国开展三方协调雇佣关系机制要结合自己的实际情况,基于中国的国情,开展具体有效的协调雇佣关系工作。要让中国的雇主和员工了解三方机制,认识到和谐地进行协调、协商要比激烈的斗争对雇佣双方更有利。

三方协调机制的建立和推行需要政府的干预。政府不仅是三方协调机制的制定者,而且要监督和管理三方协调机制的落实。目前中国的三方协调机制仅仅在全国、各省市或各地区层面上实施,在企业层面或工作场所并没有实行三方协调机制来解决雇佣双方的利益冲突问题。例如"欧亚汽车公司"虽然在工会内部有一个由工会代表、资方代表和工人代表组成的雇佣争议调解委员会,但是当雇佣双方发生冲突时,很少通过雇佣争议调解委员会解决问题,因为大多数问题在 HR 部门均可以处理完。"东亚汽车公司"没有雇佣争议调解委员会,解雇员工时由人事委员会来仲裁。

9.3.4　完善集体谈判、集体合同制度

由于中国没有制定《集体合同法》,因此双方当事人在签订集体合同的时候缺少法律的根据。依据《劳动法》、《工会法》、《集体合同规定》以及地方性法规所签订的集体合同,在履行过程当中产生了诸多的问题,导致了集体合同的形式主义。《劳动合同法》仍然没能从根本上解决集体合同形式主义的问题。因此,应当抓紧制定《集体合同法》,将集体协商代表,集体协商程序,集体合同的订立、变更、解除和终止,集体合同的审查,集体协商争议的协调处理等用法律的形式加以固定,这是中国集体合同制度走出困境的必由之路。

在经济全球化进程中,竞争日益激烈,很多汽车合资企业只是与员工个人签订合同,而且还存在不同的用工合同,如与正式员工签订的劳务合同受劳动法的保护,与临时工或计划外合同员工签订的合同要么是劳务合同,要么是与人才公司签订的人才租赁合同,例如"欧亚汽车公司"85%都是劳务工。尽管很多汽车合资企业都建有工会,但是工会主席也是汽车合资企业的高层领导者,所以汽车合资企业的经营者与员工的关系一直以来都是简单的领导与被领导的关系。因此要完善集体谈判和集体合同制度,除了要求政府积极推动集体合同立法外,完善工会体制也很重要,因为工会最初设定的目的在于代表员工进行集体谈判。但是工会主席的行政兼职化一直是工会需要解决的重要问题。工会主席的行政兼职化是在历史上当工会以参政议政为主要手段时形成的、有利于工作和待遇的制度。而当工会以集体谈判为主体来设定工会制度时,兼职的主要作用在于工会干部的待遇,因为信息的披露应当成为雇主的法定义务。因此,如何在保证工会干部待遇的前提下,形成工会干部相对独立的谈判代表身份,就成为完善工会体制的关键。(陶文忠,2007)

除此之外,还应落实员工权利,使其成为集体合同制度的真正推动力。历史地看,由于以集体雇佣关系覆盖个别雇佣关系的主要原因在于劳动者个人的弱势地位,因此,员工是集体合同制度的主要推动者。只有将员工对自身权益的需要变成集体谈判的动力和内容,才能改变集体合同制度成为用人单位不情愿、员工不关心、有关方面不支持的工会唱独角戏的现象。

9.3.5　加强民主参与程度

在集体谈判和集体合同的制度下,发达国家已经发展和形成了多种形式的员工参与制度,如德国的员工参与共决制,英美国家的员工持股计划,意大利的企业工人代表委员,丹麦的企业合作管理委员会,日本的企业内工会、终身雇佣制及年功序列制等,与集体谈判和集

体合同制度互为补充、互相推动。职工代表大会是我们坚持多年的民主管理形式,其在公有制企业的实行有效地维护了职工的合法权益。2003 年 7 月,北京市人大常委会通过的《北京市实施〈中华人民共和国工会法〉办法》①规定,国有独资公司和国有控股公司的董事会和监事会中应当有职工代表;国有独资公司和国有控股公司以外的其他公司在监事会中应当有职工代表,在董事会中可以有职工代表;非公有制企业的工会可以通过职工代表大会、职工大会或者其他民主管理形式,保障员工的民主管理权利。

日本松下电器公司的创始人松下幸之助也认为让员工参与与其切身利益有关的计划和决策的研究与讨论,企业积极采纳其合理化建议,可以加强员工“主人翁”意识,提高员工工作绩效。(胡君辰,1997)可以说员工参与已经引起国内外理论界和企业界的关注。近几年来,员工参与在中国也越来越受到重视。很多企业都有职工代表大会,但是在实际实施过程中员工的参与却是非常有限的。员工在三方协调机制中仍然处于弱势地位。例如“欧亚汽车公司”和“东亚汽车公司”的员工参与程度都非常低。要加强员工的参与程度,可以借鉴市场经济国家员工参与管理的成功经验,结合不同企业的不同特点,采取灵活多样的形式。比如职工持股计划、雇佣协商制度、职工董事监事制度等。

9.3.6　完善雇佣争议处理机制

在传统的计划经济体制下不存在真正意义上的雇佣关系,员工与企业间的关系主要是员工与国家的行政隶属关系。在计划经济向市场经济过渡过程中,雇佣关系发生了一系列的变化。雇佣关系中的雇佣纠纷也日益复杂化和公开化。据统计,1994 年,全国各级劳动争议仲裁委员会共受理雇佣争议案件 19 098 起,涉及劳动者人数 77 794 人,而到 2006 年受理案件数已增加到 317 162 起,涉及人数达 679 312 人,分别是 1994 年的 16.61 倍和 8.73 倍。11 年间雇佣争议案件平均年增长率达 27.67%,涉及人数平均年增长率 22.42%。② 因此雇佣争议的处理越来越引起人们的关注。2007 年 12 月 29 日通过的《中华人民共和国劳动争议调解仲裁法》标志着构建和谐的雇佣关系上升为国家意志。纵观整个劳动法律体系,《劳动争议调解仲裁法》的颁布实施,进一步完善了这个体系,同时本法对适用范围作出了与《劳动合同法》一致的规定。因此,《劳动争议调解仲裁法》成为在继承现行雇佣争议处理基本法律制度的基础上,认识和处理当前和今后一段时期内中国雇佣关系及雇佣争议的法律武器。

但是《劳动争议调解仲裁法》实施时间是 2008 年 5 月 1 日,对于该法的具体实施和执行情况尚有待进一步考察,会不会出现企业为了自身利益进行一些博弈行为以及若出现企业与政府的博弈行为,政府是否有相应的应急措施尚不知。其次,雇佣争议仲裁缺乏有效的监督。全国人大常委委员郑功成提出《劳动争议调解仲裁法》和其他法最大的不同就是没有法律责任一章。“如果仲裁委员会裁判不公,应该承担什么责任? 如果乱调解、裁决不公造成

---

① 《国企监事会应有职工代表,北京出台工会法实施办法》,载《法制日报》,2002 年 7 月 19 日,中国人大新闻网,http://www.yfzs.gov.cn/。

② 《中国劳动统计年鉴》,1995～2007 年。

当事人权益损失怎么办？到底是法院监督，还是劳动行政部门监督？"郑功成认为监督、法律责任的缺失是此法最大的缺陷。[①]

因此，在完善雇佣争议处理机制中，政府起着至关重要的作用，尤其是在目前雇佣关系协调机制尚不完善的情况下更应该发挥其管理职能，在企业内部建立雇佣关系三方协调机制，完善雇佣关系立法，完善职工代表大会的民主管理制度。这些制度的实施不能流于形式，而应切实有效地发挥作用，从源头上减少雇佣冲突；同时，监督雇佣争议处理，规范雇佣冲突的处理过程。

9.4　结论

从西方雇佣关系的发展历程中，我们可以看到雇佣双方之间由原来的对抗逐渐转变为合作，并且许多企业也从重新思考如何构建经济全球化进程中的雇佣关系，许多著名的跨国大公司建立了有效的人力资源管理机制以激励员工并提高员工的满意度，使得员工的目标与企业的目标相契合，并且避免由过去经常发生的冲突所带来昂贵成本。西方许多国家的员工包括工会也在重新审视是否应该采取一贯的强硬的冲突方式来处理与雇主之间的关系，经济全球化的压力让他们在心理上以及实践中深刻地感受到冲突的极端所带来企业的破产或者跨国转移，损失最大的是他们自身。因此，今天有很多员工和工会开始倾向于更多地将自己定位于雇主的社会合作伙伴。当然，这一趋势也带来工会角色和定位的悖论问题。但是，我们从雇佣双方的实践转变可以看到，雇佣双方越来越认识到彼此之间的冲突不是根本的目的，而是为达成目的所采取的激烈手段。雇佣关系的实质是达成三方主体在社会大系统内的和谐稳定。这一思想，与中国当前形势下所强调的和谐社会构建不谋而合。因此，三方主体应该在意识形态中首先建立这样的理念，进而完善制度和实践层面各种政策或对策，由此才能实现真正的和谐。

[①]　《争议〈劳动争议调解仲裁法〉》，http://www.nanfangdaily.com.cn/jj/20071109/zj/200711090012.asp。

第十章 结 论

在日益加快的经济全球化进程中,中国正逐渐成为新世纪全球经济发展的焦点。越来越多的国家在其未来的战略格局调整中都将中国放在十分重要的位置,这对于中国来说一方面是无限的机遇,另一方面则是巨大的挑战。当我们在思考如何应对这些机遇和挑战时,所应该把握的根本宗旨和原则就是构建社会主义和谐社会这一当今中国社会发展中的主题,而最能代表和谐社会景象的当属雇佣关系。雇佣关系的和谐程度,直接影响经济运行的良性程度,从而最终影响整个经济社会的和谐程度。然而长期以来,雇佣关系在中国一直是一个敏感甚至禁忌的话题。随着中国日益融入经济全球化的进程,以及中国市场经济的不断发展,雇佣关系已经成为无法回避和漠视的重要问题。

因此,本书选择深受经济全球化进程影响的中国国民经济支柱产业之一——汽车行业中汽车合资企业的雇佣关系作为研究对象,基于 Dunlop(1958)提出的雇佣关系系统模型和 Kochan(1997)提出的国际比较雇佣关系分析框架,提出了适合中国国情的经济全球化对中国汽车合资企业雇佣关系影响的分析框架。然后在该分析框架下,选取了两家案例汽车合资企业,通过深度访谈的方法对其雇佣关系现状进行调查和研究,同时也结合文献调研的方法考察了自上世纪 80 年代以来经济全球化对中国汽车合资企业雇佣关系带来的影响。

10.1 结论

通过历史回顾、比较分析、半结构化深度访谈和案例研究等方法,本书从工作组织、技能构成、薪酬政策、人员配置和公司治理五个方面对于经济全球化对中国汽车合资企业雇佣关系的影响进行了研究,并且得出如下结论。

(1)中国国情的特殊性,加上改革中各项制度的整体配套完善的过程以及经济体制的转轨过程中存在着相当数量的尚未理顺的问题,都使得对于中国企业雇佣关系的研究较为复杂。(赵曙明,1995)过去,中国汽车行业中传统几个主要制造商都是国有企业。近十年来,几个主要的汽车制造商几乎都与国外汽车制造商进行合资并经历结构的调整。因此,中国汽车行业中众多中外合资企业纷纷涌现。在合资前,人们习惯把国有企业中代表雇佣利益的管理者和员工之间的关系看作是一种合作和协调一致的关系。但是随着经济全球化进程的加快,合资后的汽车企业中几乎每一家公司的雇佣关系都受到了影响。然而不同的公司所反映出来的被影响的程度和表现是不同的。这些影响既包括产业结构、技术进步、行业管制与法律环境、行业总体的雇佣情况等外部因素的变化,也包括工作组织、人员配置、技能构成、薪酬政策、公司治理内部因素的变化。从本书的实地访谈和案例研究结果可以发现,不同的公司所反映出来的被影响的程度和表现是不同的。这种影响的程度和表现的差异主要是公司的产权结构、传统管理实践和公司股东各方的相对影响力引起的。总体而言,在某些雇佣实践如雇佣管理中的弹性、技能构成等方面,中国汽车合资企业存在向发达国家那样聚合的趋势,但是由于本土的制度因素所带来的诸如中国式的工会体制等方面并未发生实质的变化。研究当中的这些发现也验证了 Banson 等人 2000 年提出的论述,那就是中国的雇佣关系仍介于过去中国传统体系下的体制和具有现代发达国家特性的工会体系之间,这也许暗示了如 Faley 等人(2004)的观点。那些从现代中国经济当中获益最多的公司,是那些能够把有效的全球管理实践应用到具体的中国本土制度的公司。

(2) 从目前的总体情况来看,中国汽车合资企业的雇佣关系过程中并未出现较大的波动或冲突,但是通过对于汽车合资企业雇佣关系的内外部影响因素的变化以及自身的作用过程分析,我们发现存在许多亟待解决的问题。从雇主视角分析,中国汽车合资企业雇佣关系存在雇主主体地位有待进一步明晰、雇主职能缺失、国际劳工标准和 SA8000 对雇主带来挑战以及雇主在"走出去"的过程中对西方雇佣关系体系了解不足等问题;从员工和工会视角分析,存在员工处于弱势地位、工会的行政化、工会的职能缺失、工会的市场化进程滞后等问题;从政府的视角分析,雇佣关系存在立法不完善,政府对企业根据立法改革而采取的博弈行为无能为力等问题;而从雇佣关系的作用过程来分析则发现集体谈判和集体合同制度没有得到全面推行,而雇佣关系三方的协调机制也存在问题。本书在提出这些问题的同时,尝试性地提出了相应的政策建议。

(3) 随着经济全球化进程的加快,中国汽车行业的结构也继续深化调整,行业内的竞争也将越来越激烈,在近年来发生了许多显著的变化,并且这些变化的趋势还将继续。而所有这些变化都要求生产企业能够以更高的效率和更低的成本提供更好的产品和服务,从而反过来影响中国汽车合资企业的管理方法和内部重组:新技术的普遍运用使得工作组织的灵活性大为增加;工作时间将会根据市场的需求而不断调整;人力资本的投资将持续增加,员工的在职培训将继续加强以确保胜任的能力和素质。所有这些变化的动因和目的都是"效率"二字。但是从宏观的视角去观察,构建和谐社会的指引是科学发展观,而科学发展观在强调效率的同时离不开"公平"二字。经济全球化本身即是一把双刃剑,带来机遇的同时也带来挑战,带来变革的同时也有可能带来失衡。我们无法忽视,所有这些来自于经济全球化对于中国汽车合资企业雇佣实践的影响,让企业内员工成长的同时也使其承担着更大的压力。例如他们被期待能力能够得到持续提高,但是如果无法达到公司的要求,就面临着被解雇的风险;灵活响应市场变化的雇佣方式,使得许多员工通过与劳务公司签订合同,进而通过灵活派遣的方式进入汽车企业工作,但是这种做法带来更多弹性的同时,员工原有工作稳定性的基础也受到动摇。这些变化带来效率的同时,也带来雇佣关系潜在的失调和冲突。因此,在构建和谐雇佣关系的过程中,忽视这些问题,就很难实现真正的和谐。

(4) 当前中国已经加入 WTO,而随着中国新一轮汽车产业政策于 2004 年的颁布,可以看到外资的进入、民营资本的兴起以及国有资本的结构调整将会给中国汽车行业的雇佣关系带来持续的冲击,进而可能引起矛盾的进一步突出。随着雇佣关系三方主体的日渐明晰,政府作为宏观调控者站在第三方的立场上来调整雇主与员工之间的矛盾这一作用需要进一步加强,政府在完善立法、转变工会组织职能以及变革工会组织体制、全面推行集体协商和集体合同制度以最大限度保护劳动者的同时,还应注意加强对于企业可能出现的博弈行为的研究。

(5)在计划经济体制下,中国的雇佣关系管理基本上采用的是一元论的视角,即利益一体型的雇佣关系管理模型,这一模式体现为政府—企业—员工三位一体的雇佣关系主体格局。然而经济全球化的进程打破这一格局,带来多元所有制主体存在于雇佣关系体系当中,并进而带来过去那种利益一体型模式发生改变。政府正在努力将这种转变引入一种利益协调型的雇佣关系管理模式,而目前所采用的三方协调机制实际上就是利益协调型的雇佣关系类型。这种类型的雇佣关系是基于雇佣双方权利对等、地位平等的基础上建立的,强调雇佣双方在利益差别的基础上进行合作,主张通过规范双方的权利义务和双方对等的协商谈判来保障各自的权利。因此,三方协调机制需要在全国、各省市和地区范围内进行推广,保障在企业层面或工作场所的落实。

10.2　创新点

本书研究的是经济全球化背景下中国汽车合资企业的雇佣关系。经过文献研究、比较分析、深度访谈、案例研究等方法,本书提出了以下创新点。

1. 中国对于汽车行业尤其是汽车合资企业的雇佣关系的研究尚处于空白阶段。经过大量的文献研究,我们发现虽然中国雇佣关系已经引起了不少学者的关注,但是目前对于汽车行业的雇佣关系,中国还没有系统的研究,汽车合资企业的雇佣关系的研究更是空白。而本书对中国汽车合资企业的雇佣关系研究进行了有益的尝试和探索。

2. 本书以构建和谐的雇主—员工—政府关系为宗旨,分析了经济全球化背景下中国汽车合资企业的雇佣关系,并分析了中国汽车合资企业雇佣关系的发展、现状、存在问题的原因并提出相应的对策。这一研究不仅对于汽车合资企业,而且对于汽车行业,对于其他行业乃至全社会雇佣关系的稳定和发展都有重要的意义,从而丰富和完善了经济全球化背景下中国雇佣关系的研究。

3. 研究中国汽车合资企业的雇佣关系,为国际雇佣关系研究提供借鉴和支撑。对于经济全球化背景下中国汽车行业的雇佣关系,过去相关的研究很少,而中国是经济全球化过程中一支非常重要的政治和经济力量,因此对于其雇佣关系现状、发展趋势和管理对策的研究无疑是对雇佣关系国际比较理论领域的一项非常有意义的补充。

4. 本书的研究成果对中国汽车合资企业的雇佣关系实践有较高的借鉴意义。本书从雇主、员工与工会、雇主组织及雇佣关系作用过程四个角度分析了经济全球化背景下中国汽车合资企业存在的问题,并针对这些问题,分别从雇主、员工与工会、政府三方的角度提出了建设性的意见,不仅对中国汽车合资企业的雇佣关系实践具有较高的借鉴和指导意义,而且对中国政府也具有较高的借鉴和参考价值。

10.3 研究中的不足与展望

本书研究采用了历史回顾、文献研究、实地观察、案例研究、比较研究以及深度访谈等方法。由于本研究着重探索自上个世纪80年代以来经济全球化对于中国汽车合资企业雇佣关系的影响,因此比较适合采用访谈的方法进行质的研究而非量的研究(正如本书在第三章中论述的那样)。在每个案例企业,我们访谈的对象均在20人以上,这些对象包括企业的高层管理人员、中层管理人员和基层的工人,对象的选择也兼顾到了岗位、层次以及工作年限等方面的因素,每个对象的访谈时间都在2小时左右。因此通过上述访谈的安排,我们力图较为全面地反映中国汽车合资企业雇佣关系和人力资源实践的变化。本书研究的不足之处在于没有进行定量的研究,因此,未来的研究中还需要设计有关雇佣关系的相关调查问卷,用定量的方法对于中国汽车合资企业的雇佣关系进行实证研究。

在案例汽车合资企业的选择上,由于地域的限制,本书主要是针对江苏地区的汽车企业进行了访谈。访问的汽车企业涉及三家大型的国有汽车企业和两家分别来自欧洲和亚洲的著名跨国汽车公司。两家案例企业均为中国汽车行业在经济全球化的影响之下产生的结果,但是影响的程度却并不相同。经济全球化对于中国汽车行业中的每一个企业都带来深远的影响,我们从两家案例企业的雇佣关系实践均带来的影响和变化也可以看出,有些变化是朝着聚合的方向发展,而有些变化则存在着有趣的差异,其中也反映出中国汽车行业的雇佣关系在经济全球化进程中的渐进发展过程。由于本书研究主要调研的是江苏的汽车企业,未来的研究中还需要对不同的地区以及不同所有制的汽车企业进行研究,从而更加全面地反映中国汽车行业雇佣关系运行中存在的问题。

中国汽车行业是中国国民经济的支柱产业之一,其发展的步伐日益加快。尤其是最近十年内,中国的汽车行业历经了巨大的变化和结构调整,特别是在轿车产业内。在过去的十年中,国内几个主要的国有汽车制造商都与国外汽车制造商进行合资并历经重组,从而带来这一行业巨大的变化,包括与雇佣关系有关的雇佣情况、薪资报酬、产业结构、产量、质量、行业管制以及企业内部治理等诸多方面。随着经济全球化进程的日益深化和中国经济体制改革的不断深入,中国雇佣关系领域出现的新问题、新现象和新矛盾都将成为重要和敏感的社会问题。因此,本书对于经济全球化对中国汽车合资企业雇佣关系的影响的研究具有重要的现实意义。未来的研究还有必要对于其他诸如银行、电子、通讯等其他行业/企业的雇佣关系进行进一步的研究,从而全面地反映经济全球化进程中中国的雇佣关系的深刻变化。

参考文献

1. Adams，R. Desperately Seeking Industrial Relations Theory. *International Journal of Comparative Labour Law and Industrial Relations*，1988,4(1).

2. Anne Applebaum. Auschwitz Under Our Noses. *Washington Post*，2004, 2(4).

3. Bain，G S, Clegg，H A. A Strategy for Industrial Relations Research in Great Britain. *British Journal of Industrial Relations*,1974, 12(1).

4. Bamber，G J, Russell，D L, Wailes，N. *International and Comparative Employment Relations*. Allenn & Unwin, 2004.

5. Benson，J, P Debroux，M Yuasa and Y Zhu. Flexibility and Labour Management：Chinese Manufacturing Enterprises in the 1990s. *International Journal of Human Resource Management*，2000, 11(2).

6. Blyton，P and Turnbull,P. *The Dynamics of Employee Relations*. 2nd edn. London：Macmillan Business，1998.

7. Braverman，H. *Labor and Monopoly Capital：The Degradation of Work in the Twentieth Century*. New York：Monthly Review Press，1998 .

8. Campbell，D. *How have OECD Trade Unions Fared in an Interdependent World Economy? Some Evidence and Some Speculation*. Mimeo Geneva：International Labour Organisation,1996.

9. Child，J. Comment. in Thomson，A. and Warner，M. (eds.). *The Behavioural Sciences and Industrial Relations*. Gower，London,1981.

10. Clegg,H A. *The Changing System of Industrial Relations in Great Britain*. Oxford：Blackwell，1979.

11. Commons，John R. *Institutional Economics：Its Place in Political Economy*. New York：Macmillan，1934.

12. Ding，D Z，K Goodall and M Warner. The Impact of Economic Reform on the Role of Trade Unions in Chinese Enterprises. *International Journal of Human Resource Management*，2002, 13(3).

13. Dore，Ronald. The Distinctiveness of Japan. in Colin Crouch and Wolfgang Street (eds). *Political Economy of Modern Capitalism*. London：Sage，1997.

14. Dunlop，J. *Industrial Relations Systems*. New York：Holt，1958.

15. Edwards，P K. *Conflict at Work：A Materialism Analysis of Workplace Relations*. Oxford：Blackwell，1986.

16. Evans, P. The Eclipse of the State? Reflections on Stateness in an Ear of Globalization. *World Politics*, 1997, 50(1).

17. Farley, J U, S Hoenig and J Z Yang. Key Factors Influencing HRM Practices of Overseas Subsidiaries in China's Transition Economy. *International Journal of Human Resource Management*, 2004, 15(4/5).

18. Farnham, D, Pimlott, J. *Understanding Industrial Relations*. 3rd edn. London: Holt, Rinehart & Winston, 1983.

19. Farnham, D, Pimlott, J. *Understanding Industrial Relations*. London: Cassell, 1979.

20. Ferber, A, Hyman, R. Introduction: Towards European Industrial Relations?. in A. Ferner & R. Hyman(eds). *Changing Industrial Relations in Europe*. 2nd edn. London: Blackwell, 1998.

21. Fox, A. *Beyond Contract: Work Power and Trust Relation*. London: Faber and Faber, 1974.

22. Fox, A. *Industrial Sociology and Industrial Relations*. Research Paper 3. London: HMSO, 1966, reprinted in Flanders, A(eds.)*Collective Bargaining*. London: Penguin, 1971.

23. Friedman, M. Inflation and Unemployment: Nobel lecture. *Journal of Political Economy*, 1977, 85.

24. G. Modelski. *Principles of World Politics*. New York: Free Press, 1972.

25. Garrett, G. Global Markets and National Policies: Collision Course or Virtuous Circle?. *Internatinal Organization*, 1998, 52(4).

26. Ghauri, P, Gronhaug, K. 商业研究方法:实践指南. 北京:中国人民大学出版社, 2003.

27. Gill, J. One Approach to the Teaching of Industrial Relations. *British Journal of Industrial Relations*, 1969, 7(2).

28. Gomez-Mejia, L R, Balkin, D B, Cardy, R L. *Managing Human Resources Englewood Cliffs*. NJ: Prentice Hall, 1995.

29. Goodman, J. *Employment Relations in Industrial Society*. Oxford: Philip Allan Publishers Ltd, 1985.

30. Guest, D. Human Resource Management, Trade Unions and Industrial Relations. in J Storey (eds). *Human, Resource Management: A Critical Text*. London: Routledge, 1995.

31. Hyman, R. *Industrial Relations: A Marxist Introduction*. London: Macmillan, 1975.

32. Hyman, R. *Strikes*. Macmillan, Houndmills, 1989.

33. Hyman, R, Fryer, R. Trade Unions. in McKinlay, J B(eds). *Processing People: Cases in Organizational Behaviour*. Holt, Rinehart & Winston, 1975.

34. J T Dunlop. *Industrial Relations Systems*. New York: Henry Holt, 1958.

35. John Godard. *Industrial Relations, the Economy, and Society*. 2nd edn. North York:

Captus Press Inc，2000.

36. John Godard. Review of Change at Work. *British Journal of Industrial Relations*，1998（3）.

37. Kaufman, Bruce E. *The Origins and Evolution of the Field of Industrial Relations in the United States*. Ithaca, New York: ILR Press, 1993.

38. Kitay, Jim, Lansbury, Russell D（eds.）. *Changing Employment Relations in Australia*. Oxford University Press，1999.

39. Kochan, T A, Lansbury, R D, MacDuffie, J P. *After Lean Production: Evolving Employment Practices in the World Auto Industry*. Ithaca, NY: Cornell University Press，1997.

40. Kochan, T, H Katz. *Collective Bargaining and Industrial Relations*. 2nd edn. Homewood IL: Irwin, 1988.

41. Kochan, T, Katz, H, Mckersie, R. *The Transformation of American Industrial Relations*. New York: Basic Books, 1986.

42. L. Sklair. *The Sociology of the Global System*. Baltimore: Johns Hopkins University Press,1999.

43. Legge, K. *Human Resource Management: Rhetorics and Reality*. London: Macmillan, 1995.

44. Leiva, Hector. The Comparative Role of the State in Industrial Relations: The Cases of Chile and Argentina. *Working Paper*. Wollongong, 1999.

45. Levin, D. Industrial Relations as a Strategic Variable. in M. Kleiner al. （eds）. *Human Resources and the Performance of the Firm*, Industrial Relations Research Association. W I: Madison, 1987.

46. Locke, R,Thelen, K. Apples and Oranges Compared: Contextualized Comparisons and the Study of Comparative Politics. *Politics and Society*, 1995, 23(3).

47. M. H. Sandver. *Labor Relations: Process and Outcomes*. Boston: Little, Brown and Company, 1987:21.

48. Marshal Mcluhan. *Explorations in Communication*. Beacon Press, 1960.

49. Martin,R. Power. in Thomson, A and Warner, M(eds). *The Behavioural Sciences and Industrial Relations*. Gower, Aldershot, Hants, 1981.

50. Mayo, E. *The Social Problems of an Industrial Civilization*. London: Rout-Press,1949.

51. Nicholls, P. Context and Theory in Employee Relations. In G. P. Hollinshead, J. Nicholls & S. Tailby(eds). *Employee Relations*. London: Routledge, 1999.

52. Ohmae K. *The End of the Nation State*. New York: Free Press, 1995.

53. Salamon, M. *Industrial Relations: Theory and Practic*. London: Prentice Hall, 1987.

54. Sheila Oakley. *Labor Relations in China's Socialist Market Economy*. London，2002.

55. Thelen，K. Western European Labour in Transition：Sweden and Germany Compared. *World Politics*，1993,46(1).

56. Tilly，C. Globalization Threatens Labour's Rights. *International Labour and Working Class History*,1995,47(1).

57. Traxler，F，Blaschke，S，Kittel，B. *Natinal Labour Relations in Internationalized Markets：A Comparative Study of Institutions，Change and Performance*. Oxford：Oxford University Press，2001.

58. Turner，l. *Democracy at Work：Changing World Markets and the Future of Labour Unions*. Ithaca，NY：Cornell University Press,1991.

59. Wailes，N，Ramia，G & Lansbury，R D. Integrating Interests and Institutions：The Case of Industrial Relations Reform in Australia and New Zealand. *British Journal of Industrial Relations*，2003，12.

60. Warner，Malcolm，Zhu Ying. The Origins of Chinese 'Industrial Relations'. in Malcolm Warner（eds）. *Changing Workplace Relations in the Chinese Economy*. St. Martin's Press，2000.

61. Weiss，L. *The Myth of the Powerless State：Governing the Economy in a Global Era*. Cambridge：Politu Press，1998.

62. Zhu，Y，S Fahey. The Impact of Economic Reform on Industrial Labour Relations in China and Vietnam. *Post-Communist Economies*，1999,11(2).

63. ［法］雅克·阿达. 经济全球化. 北京：中央编译出版社,2000.

64. ［日］LEC. 东京法思株式会社,怎样开发和管理人力资源. 上海：复旦大学出版社 1995.

65. ［英］阿兰·鲁格曼. 全球化的终结. 北京：北京三联书店,2001.

66. 国企监事会应有职工代表,北京出台工会法实施办法. 法制日报,2002－07－19. 中国人大新闻网,http://www. yfzs. gov. cn/.

67. 我国人均 GDP 世界排名 100 位 总量大仅代表速度. 瞭望新闻周刊,2006,2(1). 新华网,http://www. sina. com. cn.

68. Bamber,Russel,Lansbury,Wailes,李诚,赵曙明,等. 国际与比较劳雇关系. 台北：天下文化出版社,2007.

69. Daniel Quinn Mills,李丽林. 劳工关系. 李俊霞译,北京：机械出版社,2000.

70. Paulm Sweezy. *More(or Less)*. in *Globalization Monthly Review*,1997,9. 转引自：韩保江. 全球化时代. 四川：四川人民出版社,2000.

71. 阿吉姆·比朔夫. 全球化,世界经济结构变化分析. 转引自：全球化时代的资本主义. 中央编译出版社,1998.

72. 阿里夫·德里克. 后革命氛围. 王宁,等译. 北京：中国社会科学出版社,1999.

73. 北京汽车行业协会,http://www. auto-beijing. com/news/jieshao_jianjie. asp.

74. 北京政法学院民法教研室. 中华人民共和国劳动法资料汇编. 北京：北京政法学院出版

社,1957.

75. 常凯. 劳动关系、劳动者、劳权——当代中国劳动问题. 北京:中国劳动出版社,1995.

76. 常凯. 劳动关系学. 北京:中国劳动出版社,2006.

77. 常凯. 劳权论——当代中国的劳动关系法律调整研究. 北京:中国劳动社会保障出版社,2004.

78. 常凯. 外资企业集体谈判和集体合同制度的几个法律问题. 中国法学,1995(1).

79. 常修泽. 混合所有制经济发展初探. 中国宏观经济信息网,2003 - 12 - 11.

80. 陈恕祥,杨培雷. 当代西方发达国家劳资关系研究. 武汉:武汉大学出版社,1998.

81. 程延园. 集体谈判制度研究. 北京:中国人民大学出版社,2004.

82. 程延园. 劳动关系. 北京:中国人民大学出版社,2002.

83. 程延园. 劳动关系. 2 版. 北京:中国人民大学出版社,2007.

84. 池海. 我国汽车产业发展的政府调控战略研究. 东北大学学位论文,2005(8).

85. 戴维·赫尔德. 全球大变革. 杨雪冬译. 北京:社会科学文献出版社,2001.

86. 狄特玛尔·布洛克. 全球化时代的经济与国家. 世界经济,1997(12).

87. 董保华. 劳动关系调整的社会化与国际化. 上海:上海交通大学出版社,2006.

88. 风笑天. 私营企业劳资关系研究. 武汉:华中理工大学出版社,2000.

89. 甘春华,张炳申. 论经济全球化时代我国劳动关系的调整策略. 经济师,2007(4).

90. 高伟来. 推出雇主组织建立三方机制. 湖北社会科学,2001.

91. 格雷厄姆·汤普森. 全球化与国内经济的可能性. 国际政治与社会,1997(2).

92. 工会参与平等协商和签订集体合同试行办法. 中华全国总工会,1995 - 08 - 17.

93. 工会的组织管理体制. 中华全国总工会网,www. acftu. org.

94. 谷水源,林行巧. 世界经济概论. 北京:经济科学出版社,2001.

95. 顾海良. 经济全球化与《资本论》研究的新视野. 中国特色社会主义研究,2002(3).

96. 关于贯彻实施劳动法的决定. 中华全国总工会,1994 - 12 - 11.

97. 关于建立集体协商和集体合同制度中最好工会工作的一件. 中华全国总工会,1995 - 02 - 08.

98. 郭东杰. 公司治理与劳动关系研究. 浙江:浙江大学出版社,2006.

99. 郭庆松. 企业劳动关系. 北京:经济管理出版社,1999.

100. 郭庆松. 企业劳动关系管理. 天津:南开大学出版社,2001.

101. 郭庆松,刘建洲,李婷玉. 新形势下国有企业劳动关系研究. 北京:中国社会科学出版社,2007.

102. 国际货币基金组织. 世界经济展望. 北京:中国金融出版社,1997.

103. 国家发展和改革委员会. 汽车产业发展政策. 国家发改委网,2004 - 05 - 21.

104. 韩雪. 新劳动法"孤军深入". 现代职业安全,2008.

105. 贺力平. 经济增长—席卷全球的 20 世纪进程. 成都:四川人民出版社,2000.

106. 胡鞍钢. 宏观经济政策与促进就业. 经济增长与就业增长. 中国劳动力网,www. lm. gov. cn.

107. 胡君辰.管理心理学.上海:东方出版社,1997.

108. 黄河涛.经济全球化与各国劳动关系的调整.工会理论研究,2007(1).

109. 黄河涛,赵健杰.经济全球化与中国劳动关系重建.北京:社会科学文献出版社,2007.

110. 黄平.全球化:社会科学面临的挑战.科学中国人,2003(1).

111. 黄越钦.劳动法论.台湾:"国立"政治大学劳工研究所,1993.

112. 回望2007年十大政策 关注2008年汽车业十大趋势.中国发展门户网,2007-12.

113. 姜颖.《集体合同法》立法的障碍及工会的应对.北京市劳动法学和社会保障法学研究会网,http://www.ldbzfx.org/lunwen/t10.htm.

114. 劳动和社会保障部劳动工资研究所.中国劳动标准体系研究.北京:中国劳动社会保障出版社,2003.

115. 李敏.雇佣双赢—私营企业雇佣冲突管理.经济科学出版社,2003.

116. 李敏.灵活就业中的雇佣关系外部化.经济经纬,2005(1).

117. 李琪.对国有企业推行集体协商制度的思考.工会理论研究,1999(1).

118. 李玉珂.试析经济全球化的内在逻辑.世界经济导刊,2002(12).

119. 林九江.提高汽车工业产业政策的产业组织结构效应途径分析.汽车工业,2000(5).

120. 刘力.经济全球化:福兮? 祸兮?.北京:中国社会出版社,1999.

121. 刘昕.现代企业员工关系管理体系的制度分析.北京:中国人民大学出版社,2004.

122. 刘元文.相容与相悖—当代中国的职工民主参与研究.北京:中国劳动社会保障出版社,2004.

123. 龙永图."入世"周年在即:重新解读经济全球化.中国改革论坛,2002(9).

124. 路透社电,1997-02-18.

125. 马克思,恩格斯.马克思恩格斯全集(第19卷).北京:人民出版社,1972.

126. 马克思.雇佣劳动与资本.转引自:马克思恩格斯选集(第1卷).北京:人民出版社,1995.

127. 曼纽尔·沃勒斯坦.现代世界体系(1).尤来寅,等译.北京:高等教育出版社,1998.

128. 南存辉.构建和谐社会要从改善劳资关系破题.中国经济时报,2005.

129. 彭正龙,陈伟峰.论上海汽车工业人才需求预测及人才建设.同济大学学报(社会科学版),2004(4).

130. 乔健.加强对转型时期劳工政策的研究.人民网强国论坛,http://www.qglt.com.

131. 乔治·洛奇.全球化的管理相互依存时代的全球化趋势.上海:上海译文出版社,1998.

132. 秋风.《朗布伊埃宣言》推动全球化.中国经营报,2003(11).

133. 全国商会培训部.中国汽车产业发展中人才队伍建设的重要性.中国汽摩配,2006.

134. 任丹.汽车工业人力资本贡献度研究.合肥工业大学,硕士学位论文,2007.

135. 汝信,陆学艺,李陪林.2004年:中国社会形势分析与预测.北京:社会科学文献出版社,2004.

136. 塞拉斯·比纳,贝扎德·亚格梅安.战后的全球积累和资本的跨国化.转引自:全球化与世界.中央编译出版社,1998.

137. 山东省汽车行业协会,http://www.sama.org.cn/docc/gsjj.htm.

138. 上汽冲击世界10大汽车集团还有"两道槛".中国商务信息网,2007-12-28.

139. 邵晓钊,李传昭.中国汽车工业科技人才的现状、问题及对策研究.重庆大学学报(社会科学版),1999(3).

140. 盛敬,杨军平,刘国满.中国汽车行业人才需求现状及培养的研究.科技广场,2007(10).

141. 石美遐.市场中的劳资关系:德、美的集体谈判.北京:人民出版社,1993.

142. 史尚宽.劳动法原论.1934年上海初版,1978年正大印书馆重刊版.

143. 史忠良.产业经济学.2版.北京:经济管理出版社,2005.

144. 斯塔夫里阿诺斯.全球通史—1500年以后的世界.吴象婴,梁赤民译.上海:上海社会科学院出版社,1992.

145. 孙宏岭.中国汽车工业产业组织政策研究.西南财经大学,硕士学位论文,2005.

146. 汤因比.文明经受着考验.沈辉,等译.浙江:浙江人民出版社,1998.

147. 陶文忠.集体合同制度:保证劳动关系和谐的有效制度形式.中国党政干部论坛,2007.

148. 佟新.全球化下中国"三资"企业劳资关系模式.中国工人网,2005.

149. 佟新.新时期有关劳动关系的社会学分析.浙江学刊,1997(1).

150. 王传荣.经济全球化进程中的就业研究.西南财经大学,博士论文,2005.

151. 王家宠.国际劳动公约概要.北京:中国劳动出版社,1991.

152. 吴承明.中国资本主义的发展述略.中华学术论文集.中华书局,1981.

153. 袭祥德.中国企业国际化警惕"工会门".商务周刊,2007.

154. 夏积智.劳动立法学概论.北京:中国劳动出版社,1991.

155. 夏小林.私营部门:劳资关系及协调机制.管理世界,2004(6).

156. 徐小洪.冲突与协调:当代中国私营企业的劳资关系研究.北京:中国劳动社会保障出版社,2004.

157. 许兴亚,张建伟,张昆仑.对经济全球化的理性思考及中国应采取的相应对策.转引自:王振中.政治经济学研究报告(2).北京:社会科学文献出版社,2001.

158. 学习_交流_借鉴_参与_关于国际雇主组织培训与考察的报告.上海企业,2006(7).

159. 研发人员与高级技工青黄不接 我国汽车人才告急.中国职业技术教育,2004(12).

160. 颜爱民.人力资源管理理论与实务.北京:中南大学出版社,2004.

161. 杨素芹.我国劳务派遣用工存在问题及对策研究.郑州大学,硕士学位论文,2007(5).

162. 杨体仁,李丽林.市场经济国家劳动关系——理论、制度、政策.北京:中国劳动社会保障出版社,2000.

163. 杨雪冬.全球化:西方理论前沿.北京:社会科学文献出版社,2002.

164. 一年来影响汽车产业的十大政策.中国汽车报,2006-12-19.

165. 伊兰伯格·史密斯.现代劳动经济学.北京:中国人民大学出版社,1999.

166. 于尔根·弗里德里希.全球化——概念与基本设想.转引自:张世鹏.全球化时代的资本主义.北京:中央编译出版社,1998.

167. 余婕,尹术飞.中国汽车技术创新再造工程.汽车工业研究,2002(2).

168. 袁庆宏.中国企业跨国并购中的劳资关系问题—上汽双龙公司在韩工厂罢工风波引发的思考.商场现代化,2007.

169. 约翰·P.温德姆勒.工业化市场经济国家的集体谈判.北京:中国劳动出版社,1994.

170. 约翰·邓宁.全球化经济若干反论之调和.国际贸易问题,1996(3).

171. 约里斯·范·鲁塞弗尔达特.欧洲劳资关系.北京:世界知识出版社,2002.

172. 张丁华.在中国工会第十三次全国代表大会上的工作报告.1998-10-19.

173. 张喜亮.工会在集体合同制度中的角色.劳动法学通讯,1997.

174. 张彦宁,陈兰通.2007年中国企业劳动关系状况报告.北京:企业管理出版社,2007.

175. 张彦宁.雇主组织在中国.北京:企业管理出版社,2002.

176. 张一弛.从扩展的激励—贡献模型看我国企业所有制对雇佣关系的影响.管理世界,2004(1).

177. 张银杰.经济全球化的效应与对策.北京:社会科学文献出版社,2001.

178. 赵景峰.经济全球化的马克思主义经济学分析.中国人民大学,博士论文,2004.

179. 赵曙明.中国企业人力资源管理.南京:南京大学出版社,1995.

180. 赵曙明,张燕,毛智勇.中国三资企业劳资关系的权利结构.江海学刊,1994(4).

181. 赵薇.我国国有商业银行劳资关系研究.南京大学,博士论文,2004.

182. 赵英.外商直接投资对我国汽车工业的影响.技术经济,2001.

183. 争议《劳动争议调解仲裁法》.http://www.nanfangdaily.com.cn/jj/20071109/zj/200711090012.asp,2007-11-09.

184. 中国工运学院工会学系.向市场过渡中的工会工作.北京:中国大百科全书出版社,1993.

185. 中国经贸委行业规划司.中国汽车工业"十五"规划.中国宏观经济信息网,2001-06.

186. 中国汽车工业协会,http://caam.org.cn/caam/caam.web/Xhjj.asp.

187. 中国汽车工业协会会员单位,http://caam.org.cn/caam/caam.web/Hydw.asp.

188. 中华全国总工会主要职责.中华全国总工会网,www.acftu.org.

189. 中企联合网,http://www.cec-ceda.org.cn/China/hy.php.

190. 朱忠明.中国汽车产业技术学习模式研究.合肥工业大学,硕士论文,2007.

191. Joseph S Lee,Greg J Bamber,Russell D. Lansbury.比较劳资关系.台北:华泰文化事业公司,1999.

后　记

2008 年 6 月,我的博士论文《经济全球化背景下中国汽车合资企业雇佣关系研究》完成,并顺利通过答辩。这本著作是在博士论文的基础上修改而成的。

在我论文写作和修改的过程中,我要感谢许多人。

首先,我要衷心感谢我的导师赵曙明教授,在南京大学攻读博士学位的五年时间里,导师为我打开了一扇通往国际学术前沿的大门,我的博士论文《经济全球化对于中国汽车行业雇佣关系的影响》就是源于南京大学商学院与悉尼大学经济与管理学院共同合作的劳资关系国际比较研究项目"The Impact of Globalization on the Employment Relations in Autos and Bankings"。在导师的督促、鼓励和悉心指导下,我不仅完成了论文本身,更有机会与劳资关系这一学术领域中全球顶尖的学者开展合作和交流,极大地拓宽了学术视野,提升了自身的能力和水平。此外,我还从导师那里学到许多做人做事的道理,这些道理可以受用终生。

我要感谢悉尼大学经济与管理学院的 Russell Lansbury 和 Jim Kitay 两位教授,我从他们那里学到选择案例企业和调研访谈的方法。

董广勇先生、生育新先生和邢子刚先生给我介绍了他们熟悉的汽车合资企业的领导,使我顺利完成了对案例企业的访问;师姐马吟秋博士、师妹王颖及何轶文协助我参与了调研工作,并且访问了其中近 50 名员工。出于对隐私的保护,这里不能列出这些受访者的姓名,在此一并表示感谢。

南京大学的陈传明教授、刘洪教授、彭纪生教授、刘春林教授、王永贵教授,南京农业大学的顾焕章教授,江苏省社会科学院沈立人教授拨冗参加了我的学位论文的审阅、评议和答辩过程,并提出了宝贵的建议,对此我深表谢意。

在这本著作写作中,我参考和引用了许多文献资料。这些文献资料给我以启发,丰富了本书研究的内容,我向所有文献资料的作者致谢。感谢我的助手李大芳对于许多研究资料的搜集和整理,感谢我的学生耿欣在本书出版过程中的校对工作。

感谢南京航空航天大学 2013 年基本科研业务费学术著作出版基金(项目批准号:NR2013054)、江苏省第四期"333 高层次人才培养工程"项目资金和国家自然科学基金项目《我国转型经济下企业劳资冲突的发生机制及对策研究》(项目批准号:71172063)对于本书出版的资助。

感谢南京航空航天大学我的领导和同事们对于我的鼓励和帮助。

感谢我的家人对我的支持和照顾。

本书是对我国汽车行业雇佣关系研究的一个阶段性成果,论文于 2008 年 6 月完成,此后国内雇佣关系的宏观环境方面也发生了诸多重大变化,例如新的《劳动合同法》的出台、人民币的升值、金融危机对于国内外经济形势带来的持续影响、政府对于产业转型升级的政策性引导等,这些变化对于中国雇佣关系带来的影响是我目前以及未来需要继续跟踪研究的课题。本书研究内容所对应的时期和领域是对中国在转型过程中雇佣关系所处特定历史阶段的记载、分析和研究,对于把握中国雇佣关系发展进程和未来趋势具有一定的参考和借鉴作用。我清楚地认识到自己的学识和水平有限,书中还存在诸多不足,恳请读者批评指正。

张　捷

2013 年 7 月 3 日

于南京航空航天大学艺术学院艺致楼

图书在版编目(CIP)数据

中国汽车合资企业雇佣关系研究：经济全球化背景
/ 张捷著. —— 南京：南京大学出版社，2013.11
（经济转型期中国人力资源管理研究丛书）
ISBN 978 - 7 - 305 - 11996 - 5

Ⅰ. ①中… Ⅱ. ①张… Ⅲ. ①汽车企业－合资企业－
雇佣劳动－劳动关系－研究－中国 Ⅳ. ①F426.471

中国版本图书馆 CIP 数据核字(2013)第 192475 号

出版发行 南京大学出版社
社 址 南京市汉口路 22 号 邮 编 210093
网 址 http://www. NjupCo. com
出版人 左 健
丛 书 名 经济转型期中国人力资源管理研究丛书
书 名 中国汽车合资企业雇佣关系研究：经济全球化背景
著 者 张 捷
责任编辑 唐甜甜 编辑热线 025 - 83594087
照 排 南京南琳图文制作有限公司
印 刷 南京京新印刷厂
开 本 787 mm×1092 mm 1/16 印张 8.5 字数 190 千
版 次 2013 年 11 月第 1 版 2013 年 11 月第 1 次印刷
ISBN 978 - 7 - 305 - 11996 - 5
定 价 35.00 元

发行热线 025 - 83594756 83686452
电子邮箱 Press@NjupCo. com
Sales@NjupCo. com(市场部)